# 從心出發
## 讓自己更好

Unlock Your Potenial

# 推薦序

## 1　複製成功方法讓自己快速達標

**黃明正**
新光金保代　董事長

　　今年3月到單位拜訪，受到莎涵邀請為這本書寫序，看到莎涵能夠不斷地朝自己的目標努力、自我超越，就欣然接受並感到無比榮幸。

　　回想民國95年4月，莎涵是我擔任新光人壽太平通訊處處經理面談的新人，當時，令我印象最深刻的三件事：

　　面談中，莎涵服裝儀容整潔高雅，重視這份工作。

　　報考「投資型保險商品業務員資格測驗」，一次就考過取得資格，展現她的財務專業。

　　帶動介紹人業績扶搖直上，因為新人好、介紹人會受激勵。

　　莎涵18年來一路由基層業務員做起，努力耕耘公司一畝田客戶、積極拜訪、勤於服務、克服銷售困難，得到客戶肯定，終能產出業績，定著於壽險業。期間並不斷自我成長、通過歷次考核、屢創佳績、得獎無數，並在職務上晉升，還擔任兼任講師、作育英才，是壽險業不可多得的人才。

　　莎涵將自己的行銷成功經驗、心路歷程用深入淺出、平實易懂的例子完成六個篇章，詳述從事保險行銷心態、成功業務員的六個特質、如何經營客戶關係、養成自我管理的好習慣、五星級的客戶服務……是有關保險行銷的一本好書。

　　成功沒有捷徑，但學習別人成功的方法是可以讓自己更快速達到目標，謹推薦此書《從心出發，讓自己更好》給造福人群的壽險行銷人員，也恭喜莎涵在這段路上有美好的成果！

# 2 從心出發、探索保險的奧妙

## 郭長榮

前新光人壽　副總經理
逢甲大學風保系　兼任副教授

　　從古至今，人們對於風險和不確定性的管理一直是重要且不可或缺的議題。在這個充滿挑戰和變化的時代，保險業的角色變得更加關鍵，因為它為個人和組織提供了一個穩定的保護網，使他們能夠勇敢面對未知的未來。本書《從心出發，讓自己更好》所探討的主題，不僅僅是關於保險業的技巧和策略，更是關於如何從內在的自我觀察和成長開始，為自己和客戶創造更多價值的故事。

　　保險並非單純的商品，而是一種負責任的承諾。它承諾在客戶面臨風險和挑戰時提供支持和保護，並在最需要時提供幫助和補償。保險業的本質在於建立信任和穩定，這種信任不僅來自於保險公司的實力和承諾，更來自於保險業務員的專業知識和真誠服務。

　　我的好同事及好朋友莎涵在《從心出發，讓自己更好》此書深入探討保險行業從心出發的重要性。這不僅僅是一種工作態度，更是一種生活哲學。從內心出發，讓自己更好，意味著要不斷學習、成長和超越自我，這樣才能為客戶提供更好的服務和支持。

　　頂尖業務員不僅僅是在銷售保險產品，更是在為客戶創造價值，頂尖業務員所具備的六個共通特質，包括主動積極、正向思考、堅定的信心、同理心、用心傾聽和值得信賴。這些特質不僅適用於保險行業，更是在各個領域取得成功的關鍵。

　　其次建立良好的客戶關係是保險業成功的基石。莎涵分享客戶資料管理與客戶分級、目標客戶分級與服務、客戶經營十項作法等內容，幫助業務員更好地理解和管理客戶關係，提供更加專業和貼心的服務。

　　阿基米德的槓桿原理，（給我一個支點，我就能撐起地球），要輝煌的績效，必須鞏固那個支點，也就是要做好自我管理。成功的保險業務員不僅要善於管理客戶關係，更要善於管理自己。充分有效的時間管理、自我檢核、良好的工作習慣等主題，幫助業務員提升自我管理能力，更好地達成目標和挑戰。

　　最後我們將著重於服務的重要性。良好的服務不僅僅是滿足客戶的需求，更要創造價值，讓客戶深深記住你。本書中反覆的探討如何提供到位的服務，創造更多的價值，讓客戶不僅是滿意，更是信任和依賴。

　　通過這本書的閱讀，我們希望每一位業務員都能從中獲得啟發和指導，找到自己的方向和目標，勇敢面對未來的挑戰，敢於超越自我，成就更加美好的人生和事業。

# 3 保險教育大愛的執行者

**洪聰輝**
新光人壽業務推展部　部室協理

《從心出發，讓自己更好》在書中，深入探討保險業務的各個面向，從個人成長到客戶關係管理，再到自我管理，勾勒出一幅完整的學習與成長脈絡。相信這本書能給初步入保險生涯的你一些啟發。

篇章一：做保險，我可以嗎？
　　　　作者撰寫踏入保險行業的起源與動機，初次接觸保險業務的經歷與決定，對於自己能力的質疑與克服，都可以成為你的借鏡。

篇章二：從「心」出發，讓自己更好
　　　　作者從個人成長出發的心路歷程
　　　　如何跳出框架，挑戰自我，成功的動力來自於對改變的渴望。

篇章三～六

　　　運用這些方法能使你的業務開發之路走得更順暢一些。

　　這本書肯定能夠為正在從事或有志於從事保險業務的人士提供實用的指引與啟示，幫助他們在這個充滿挑戰與機遇的行業中取得成功。

　　周莎涵區經理身為新光人壽資深區經理，從事保險專業、穩健、更為研修部門作育英才貢獻己力，可謂是保險業良心導師！此次更將服務數十年心血集結成冊，用實際行動化身保險教育大愛執行者，其氣度令人感佩！本書內容實務經驗豐富，值得推薦給有心從事保險事業之士當作學習的教材。

# 4 超業天成？

## 林世忠

新光人壽訓練發展部南區訓練中心　經理

　　我是在歷經近13年壽險銷售主管，轉任訓練部門主管後認識了莎涵經理，對她的第一個印象是能力強、績效佳、親和力好、專業度高，是個卓越的壽險從業人員，也是公司的優秀講師，同時我也在思索著這些能力是如何被養成的，而她的超業之路是如何走出來的。

　　直到接到莎涵經理來電，邀約為本書《從心出發，讓自己更好》作序，才有幸一睹她的業務人生，也才明瞭「超業非天成」，是要有想法、有目標、有方法、有行動，更需要恆心、毅力和堅持的，這一路走來的點點滴滴，每一步都是成長，每一個故事都是學習。

　　本書作者從內在的自我認識開始，從「心」開始引導讀者打破框架，激活自我成長動力，用正向的心態，讓壽險行銷有不同的樣態，更進一步帶領讀者描繪出超業的畫像——主動積極、正向思考、信心、同理心、用心傾聽和信賴感——讓有志成為頂尖業務員能盤點自己，並聚焦培養這六大特質。

　　然而縱使具備了超業特質，也需有好的客戶經營方法及高度自律的自我管理模式，在客戶經營面本書提供十大作法，提供讀者學習效法；在自我管理上，作者不論自我時間管理、行程安排都提供具體有效的方法，從作者個人執行經驗現身說法，讓讀者有正確執行方向。

　　行銷要做好，服務不能少，到「心」、到「位」服務是建立業務人員在客戶心中地位的重要關鍵，特別是契約大多是長期契約，終身的承諾，保單成交從來都不是銷售終點，而是透過到位服務展開另一張保單的起點，不論是原客戶的另一張，或是透過客戶的轉介紹，都必須有令客戶滿意、感動的服務為前提，才能創造出永續經營的行銷生涯。

　　做對的事，並把事做對（Do right thing and do thing right），是成為頂尖業務員必要的堅持，在本書作者經由自己的親身經歷，將成功要素在本書完整而詳細的說明，如果你是即將進入壽險行銷的新兵，本書將是你最好的領航手冊，帶領你一步步成為頂尖業務，若你已是壽險從業人員，現在正陷入銷售瓶頸無法突破，善用本書將會助你一臂之力，找到新起點，從心出發，展開你的超業人生。

# 5 保險行銷，是一份助人的功德事業

**莊世豪**
新光人壽業務推展部　部室經理

　　身為保險從業人員，今年最開心的事情莫非就是聽到公司的好同事、好朋友，周莎涵區經理出書的好消息！拜讀莎涵經理此著作的過程，有如沉浸在多方對話的時空穿梭之中，帶我進入一場從未有過的心靈奇異之旅。

　　《從心出發，讓自己更好》，此書對讀者有著一股莫名的吸引力，閱讀過程會讓人不斷地與自己對話、與客戶對話、與親朋好友對話、與親愛家人對話……：是否保有初衷、是否如您所願、是否亦師亦友、是否幸福美滿。

　　隨著章節一頁一頁的翻閱、腦海中從業過往的經歷也一幕一幕的跳躍、浮現在眼球與書籍之間的小宇宙，既真實、又興奮。書中提到證嚴法師說：「用心就是專業」。保險行銷人員，不是飽讀詩書、學富五車就叫做專業，而是應該時刻提醒自己：一、是否用心了解保險的真諦？二、是否用心了解保戶的心願！

保險，她本身就是一筆現金，在人生旅程「生、老、病、殘、死」過程中之風險發生時，提供給保戶一筆即時的、避免陷入對未來茫然的現金。所以，當我們在向保戶推銷保單時，我們要先問自己是否有用心地去了解保戶的實際需求、以及她潛在的心願，真心規劃一份令她對未來能夠安心、放心的建議，真正做到「如您所願」的專業行銷，我想這是非常重要的，如此，必能增強保戶的忠誠度、讓我們與保戶之間的關係更加互信且緊密。千萬不要為了一時業績利益的考量，推薦不適格的保單規劃、或者使用不當話術〈如穩賺不賠、保證免稅……等〉誤導保戶。如若未來保戶人生風險發生時不如所願、或者保單未來利益不如預期時，將會撕裂保戶與我們之間的關係，更有甚者甚至對簿公堂，如此就太得不償失了。

保險行銷，是一份助人的功德事業，過程是開心的、是感恩的。莎涵經理「從心出發」是一本將她自己從事保險業近二十年來的「心法」總整理，與她相識多年，「專業、真誠、無私、善良」是我對她的全部印象，讀完此書之後，也深深感受到它們〈專業、真誠、無私、善良〉如影隨形、無所不在地穿梭在這本書的字裡行間。我非常肯定這是一本值得珍藏的好書，它不只是我們保險從業人員得以精進的參考書籍，甚至也可以是各行各業、從事行銷工作的好朋友們非常值得一探究竟的行銷寶典。

#  6 這本書就像一道光

**廖文輝**（輝哥）
前新光人壽壽險組訓課　經理

　　從投保率9%就走入保險業，經歷業務、專員、督導、處長、研修部講師到組訓課經理。想當初進保險公司時，周遭人人不贊成，反對聲量此起彼落，不禁想起李白詩句「兩岸猿聲啼不住」；然而經歷了四十年，投保率將達300%，已恰如那「輕舟已過萬重山」的境界。

　　此過程中我轉入訓練部多年，曾受LIMRA壽險行銷學會之AMTC認證後來當講師授課。經過幾年之後，卻深深地發現到要讓學員徹底認知壽險與行銷，總是覺得就差那一股淋漓盡致的勁道與穿透力！

　　早期，周莎涵在總公司的長官中、在同階的主管間……是很少人認識她的。生存在這業績掛帥，人際導向的壽險業，在晉升上吃了不少虧。還好有當時面試且瞭解她的長官推薦她來當兼任講師授課。

　　自此之後，漸漸有從四面八方來的回饋，而且聽過課的學員，回到單位後都會向其主管反應，務必邀請她再到單位，為同仁更透徹地深入分析講課。她的講課可以貫穿內心深處，泉湧出對壽險行銷延綿不絕的正念與動力！

就這樣她的課引起我的好奇，經過幾次旁聽之後，赫然發現我缺少那股淋漓盡致的勁道與穿透力，卻在她身上找到了！

於是有次在規劃全國聯播系列教育課程時，為了讓同仁更透徹更有勁力學到課程，我換掉我自己上台的機會，由周莎涵全程擔綱。在教材中多次研討，文字稿一次一次地修正，而每張ppt的製作，還會備註她在東海修管理碩士所學的邏輯架構，甚至以親身實例帶入理論。

她在行銷互動中，客戶從拒絕到聆聽、再從聆聽到心動，最後是在心動中化為行動。不僅如此，這些忠實的客戶都成為她的轉介紹中心。她每天跑客戶、在申請理賠時為客戶與公司尋覓出最大公約數。最難得的是她每天睡前記錄檢討，奉行三省吾身的持續力！以及如此日日滲透市場之後再嚴謹分析檢討。這是與我當講師在課程上尋教案編教材、在教室裡找授課技巧與理論架構最大的差異！

在一次因緣際會中，與她深談七八個小時後更是讚嘆她！那就是有一年公司在杜拜舉辦表揚大會，她屬於業務頂尖者；我屬教育卓越者，在飛機上我們兩人比鄰而坐，在高空中、在轉機室廿鐘頭裡，碰出的火花。

　　莎涵從商科畢業後，曾在運動器材貿易公司上班、補習班導師、圍棋老師……在暢談中瞭解她從小家裡教養的嚴謹，培養出那自律的態度；還有學習的精神與心中的信仰，也養成經常捐善款助人的舉動……。我問：在業績壓力下的保險業，是如何能一直維持正向心態與十足戰鬥力？莎涵答：「每週去當志工」，因為只要與志工群相處的時光，那股週週的正能量、與人為善的磁場，的確可以來洗滌七天中行銷業務上惡性競爭、客戶的拒絕、或者是人性的貪婪、甚至是同事間的明爭暗鬥……等等。

　　在壽險路上，有人用業績來影響生命；有人用授課教案與技巧來影響生命。至於莎涵她《從心出發，讓自己更好》是用生活中的生命來影響他人。

　　誠如泰戈爾的動人詩句《用生命影響生命》：「把自己活成一道光，因 你不知道，誰會藉著你的光，走出了黑暗。」

　　莎涵期盼《從心出發，讓自己更好》此書的完成，就像一道光，能給行銷夥伴或壽險朋友，在困頓不如意時能照亮您的黑暗期。或許您已經歷了好多好多，願您在一時迷惑時，讓這本書走入您內心深處，陪著您──從心開始，讓自己更好！

# 7 從一而終，
# 保險知識與服務行為的傳承

**鍾淑萍**

新光人壽惠國區部　區部經理

103年參加公司獎勵旅遊前往日本的班機上，與比鄰而坐的莎涵區經理初相識。

那時的我剛回到台中上班，對於許多績優人員只聽其名，卻不識其本人，卻在那一趟4小時的飛行中，與績效總是名列前茅的莎涵區經理相談甚歡，真正讓我認識了她本人。

若要問我對她印象深刻的一件事是什麼？就是她的「今日事，今日畢」的工作態度。

她提及當時公司的新契約成交都必須書寫近20張繁瑣的要保文件資料，她每每晚間與客戶簽完契約，回到家不管幾點她一定將要保書文件資料內容全部寫好，絕不將文書工作延宕至明日辦理，業務人員最在意就是「時間管理」，所以她每晚寧願犧牲睡眠時間，也要將時間效率極大化，也因為如此的工作態度，讓她每天都事半功倍，任何事物對她而言都是輕而易舉。

　　看完《從心出發，讓自己更好》這本書的內容後，真心覺得這是一本初踏入保險業同仁的聖經圭臬、是徬徨時而一籌莫展的同仁可遵循的希望浮木、甚至是經歷挫敗而需要療傷的心靈雞湯、更是成為頂尖業務員的規範守則。

　　這是一位征戰沙場四十年的經驗傳承，由她娓娓道出職場中的「頂尖業務員的六個共通特質」內容時，於我心有戚戚焉。

　　長年站在業務銷售的第一線，與各路頂尖業務員都曾棋逢對手，「頂尖業務員」的確如同書中所提的六大特質相符，甚至篇章中所教授「客戶關係經營管理、自我管理」內容都是超級實用，所以對於書中提及內容真心推薦值得讀者逐條細讀，我敢十分肯定地說，能夠閱讀此書的讀者都是有福之人，我們不單單可以有一個正確的人生觀、工作觀，同時也能獲取在不同工作崗位上的經驗與技術，書中將這些知識做了非常好的傳承，絕對可以給大家豐富的啟發。

　　最後我想分享一段我在前新光人壽黃俊文副總經理的書中提及的一段文字與大家期勉，「學習是一種企圖、學習是一種態度、學習是一種習慣、學習是一種榮譽」，真心推薦每一位讀者一邊從事壽險事業，一邊也是無止境地學習，將此書作為工具指南書籍，定能讓您的職涯發展順風又順水。

# 8 這不只是一本書

**洪嘉佑**
新光人壽復興區部　區部經理

　　這是莎涵經理一生的工作經驗、業務歷練、人生洗鍊，彙集了一生的感觸與體悟；透過平實的文字，閱讀的過程彷彿就像莎涵經理在我面前演講一般，那樣的生動自然、那樣的引人入勝、那樣的欲罷不能！

　　整齊的妝容、俐落的服裝、堅定自信的眼神、搭配可掬的笑容，這是莎涵經理給人長年的印象，同時也是她一直以來高度的自我要求與堅持，正如此本書名「從『心』出發」一樣，初心不變。

　　心真的是很難掌握：情緒來時心煩意亂、心亂如麻，恨不得自己可以常保心平氣和、心清如鏡。

　　知止而後能定，莎涵經理先定住了我們的心，用穩定的心跳、穩定的情緒，帶我們進入她的細胞、她的感知、她的世界。

　　朱熹談讀書有三到：心到、眼到、口到；胡適除了上述，還多了「手到」；星雲大師甚至多了「耳到」。莎涵經理的業務精神，是更加身體力行的「腳到」。

　　她用她接地的做法、實戰的技法，引導讀者向前；其中一篇「行動，是最好的強心劑」，在在彰顯本書不只教人心法，更給人做法；心靈困頓時排憂解惑、行動受挫時指點迷津，是我認為此書最珍貴之處：業務老手重新（心）整理、業務新手從新（心）出發！

　　這不只是一本書，莎涵經理用她一本正經的態度、一本初心的精神，記錄她認真生活的精華、求知若渴博覽群書的精髓與讀者分享，利他、利人，一本萬利！

#  萬般皆起於心，心念一動世界就到了

## 李銘原
### 新光人壽太平通訊處　處經理

保險是一種損失分攤機制，透過繳納一定的費用，將個體損失風險平均轉嫁的管理方式；因此現代化的社會，多利用這種機制維護正常社會運轉。尤其以人身保險，更是解決了無數家庭的人身財產的問題。

由於保險商品的無形性，不可觸摸、試用、無主動購買的特性，透過壽險行銷人員的解說、觀念溝通創造客戶的需求以致購買；因此壽險相較其他銷售業更為困難，因此有志以此為事業的人少、能繼續從事至退休的人更是少數！筆者莎涵經理將自身在壽險公司服務數十年心得，透過回憶錄的方式將自身經驗集結成冊，為保險教育貢獻己力。

《從心出發，讓自己更好》本書內容從「心」一字破題，《華嚴經》一段為人熟知偈語「若人欲了知，三世一切佛，應觀法界性，一切唯心造」禪述「萬般皆起於心，心念一動世界就到了」任何人只要起心動念都能做好保險銷售。

　　「心」確認了，筆者由以下兩面向落實行銷工作：
一、「自我管理」：舉凡信心建立、競賽目標設定與達
標、自我學習職能提升等，不斷的藉由目標強化銷售信
念；二、「客戶關係」：從客戶分類、滿足客戶期待到差
異化服務、進而提升客戶忠誠度，由客戶需求來做服務進
而完成行銷。在日復一日透過「變與不變」的心法在壽險
業的浪濤中屹立不搖。

　　拜讀後，本書除了可作為活動管理的手冊之外，亦
可當作保險銷售信心輔導教材一書，內文中平凡中帶有不
凡；再者，字裡行間鑲嵌佛法禪學的經意，文字咀嚼意欲
深遠，不斷強化「心」的重要性、只要有心就能克服一切
信念，將保險信仰透過佛學禪意的注釋更展現保險大愛的
普世價值，是一本值得細細品味佳作章簡。

# 10 溫暖慈悲心的保險專業女性

## 陳怡芬

　　這世界上，有些人出現在我們的生命當中，就如同一束溫暖的陽光，照亮了我們的心靈，帶來了慰藉和力量。莎涵，我的摯友，便是如此一位獨特的女性。

　　多年來，我們共同經歷了許多人生的起伏和轉變，一起歡笑、一起經歷風雨，彼此的情誼早已深植在心中，莎涵是我人生中最重要的夥伴，我深深以她為榮。

　　多年的相處，我深刻感受到莎涵對客戶服務的熱忱和真誠關懷。她是一位優秀的保險經理人，擁有崇高的保險專業和誠信的品格。在談話中我發現她早已將這份真誠和責任感融入到工作中。有時聽到她與客戶講電話，他總是可以耐心不厭其煩地用他一貫的態度，為客戶提供專業、細心的解說，相信客戶一定都能夠感受到她的用心和關懷。常常看到莎涵去進修和得獎的照片，就是如此的認真且不斷學習和進修，她說，唯有如此才能提供客戶更專業、更貼心的服務。

　　和莎涵認識由客戶變成好朋友，她始終保持著真誠的笑容和積極的態度，紮實的財務金融、稅務和保險等的專

業能力，提供客戶適切的建議，我也受益良多。莎涵更懂得引導客戶說出心裡的需求、擔憂和情感，幫助客戶釐清思緒，並協助解決問題，在保險商品選擇和處理理賠等方面給予專業建議，加深了客戶的信任和依賴。

平時與她見面聊天，即便面對壓力重重的工作，她始終保持著正向的態度和充滿愛的能量，還會貼心的照顧到身邊的朋友的身心靈，讓周遭的朋友感受到她溫暖的慈悲心。

所謂的專業，不僅僅在於專業知識和技能，更在於對待工作的態度和對客戶的關懷。莎涵是我見過性情最堅韌、最具抗壓力的人，無論面對何種困難和挑戰，都能堅持下去，勇往直前。

很榮幸、也很興奮能為這本書《從心出發，讓自己更好》作序，這本書的內容是莎涵多年來努力的成果展現，彰顯出專業和熱忱，相信會 得更多讀者的尊重和讚譽，讀者也一定會因此受到激勵並複製學習，讓他們在保險業務道路上追求卓越。

《從心出發，讓自己更好》內容豐富經驗的呈現，足以證明了莎涵的專業能力和卓越的人格特質，也意味著我們的友誼會一直持續，如同莎涵在保險業繼續發光發熱。讓這本書陪伴我們未來能充滿正能量，一起前行，共同追求更美好的明天。

# 11 真心喜歡莎涵傳遞的正能量

## 梁秀真

人們應該站在成功者身邊，學習他們的思維方式、行為模式和價值觀，這樣我們才能學會成功的本事。

有幸20幾年前就結識了這一位我的人生導師，在我數不清的人生困惑中，莎涵與我輕聲交談中，一字一句間展現了溫柔的力量，解答了我的難題，也增強了我面對困難的勇氣。

實在太棒了！這位優秀女士出書了。《從「心」出發，讓自己更好》，專業、敬業，才能樂在工作中。當你願意去做別人的天使，生命才得以豐滿，又是一句句淺顯易懂的人生指標，希望您也能和我一樣，感受到莎涵傳遞的正能量，在未來的人生功課中～活出自己喜歡的樣子。

# 12 厚度多了一倍，讓我印象深刻

## 劉翠薇

多年前我們在志工團體承擔營隊任務，莎涵是組長，她找我協助文書資料彙總，當我把整期活動彙整成冊後給她看，她翻看了一下，對我致意說感謝，我也滿意自己能完成這項任務。

沒有想到不到一星期，她送回活動成果冊給我，結果厚度多了一倍，讓我心生敬佩與感恩，敬佩的是莎涵的涵養，她沒有指出活動冊內容的不足，而是自動幫我補充完整；感恩的是，我學習到她的處世態度、學到如何做出完整的成果冊；感恩讓營隊團隊留下完整的美善足跡。

多年前，莎涵曾受託慈善單位刊物的編輯，在資訊尚未發達的時代，她將蒐集到的資料與照片放滿客廳，她白天上班，利用晚上和假日投入刊物編輯。即便知道莎涵有編輯經驗，聽到她要出書，我還是很驚訝！

自2020年7月起，因為我們同在「靜思法髓妙蓮華」品書會（讀書會）的因緣，每週四固定實體或線上以法相會。在分享交流中，知道她要上班、演講分享、家庭家

事，還接母親同住一段時日為母親調養身體，還有她的家大翻修……，她還能在這段時間完成一本書，《從心出發，讓自己更好》，簡直不可思議，展讀她的著作，總算約略懂了她如何做到的。

其一、是佛法生活化的實踐力：

莎涵說過：「佛法生活化，能將佛法運用在日常生活中就是妙法，佛法可以為我解惑，不起煩惱心。薰習佛法於生活中印證，察覺自己是淡定？還是貢高我慢？抑或是有定見？薰習佛法可以隨時檢視自己，遵循佛法為生活準則。自勉勤修自己，一直將「戒定慧」放在心裡，處事方針是做任何事就是用心，全力以赴，沒有操心、煩心，隨時精進自己，她說自我要求成長，是我的本分。」

其二、是遵循「無緣大慈同體大悲」的價值觀：

莎涵曾說：「要善學佛法自我昇華，日常生活中檢視自己的行為，對別人能付出關懷，提醒自己，對家人是否也能溫和相待。」

　　她以前曾到太平國中推廣靜思語教學，她在家中則以靜思語與子女互動，眾生皆有佛性，推靜思語就是種下一粒善種子，她說她常抽空上網看慈濟訊息，和會員互動很好，會員很喜歡聽她話慈濟。

　　好的法，懂得應用才是「妙法」，如篇章一「一切唯心造」，篇章二從「心」出發，讓自己更好，就是心的力量啟動，因為大愛精神的洗滌啟發，職場就是實踐的道場，讚嘆莎涵是一步步朝這個方向邁進。

　　小女嘉恩看了莎涵阿姨的著作，寫下這段讓客戶驚奇的禮物讀後感：

　　書中提到可以給客戶驚奇的禮物種類有哪些：有擺設類的、餐點類的、運動類的、旅行類的、飲品類的。舉辦聚會活動會看以什麼為主題，還有依人、事、時、地、物做考量。書中也有講到根據客戶的喜好、愛好，定制禮物，我覺得這是一門學問。以長遠來說，是為客戶的生活增添色彩，亦可以從生活的需求元素中發現客戶的興趣，不管是有形的或是無形的，都可以讓客戶感到歡喜。

　　其中還談到聚會活動，主要是以客戶孩子為主題，這就關係到家庭的經營模式，我想莎涵阿姨應該是希望可以讓客戶有身歷其境的深刻感受，讓他們在平凡的生活增添豐富人生的感受。

　　一本好書可以在職場上應用，在應用中提升「關懷力」、「正向價值觀」，更能觀照到身心靈的健康提升，人與人職場的交流，可以不只是世俗的功利，而是彼此溫馨的能量互動。

　　我們在莎涵家裡舉辦活動聚會時，她家裡的布置讓人感到身心自在，她還會準備溫厚回甘的好茶，多麼美好的畫面，令人印象深刻！

　　展讀莎涵的大作，就像是在大自然中品茗好茶，讓人蘊釀亮麗的思路，有幸能為此篇大作寫序，感恩有緣結識作者這位善友二十幾載，相信讀者看了這本書也一定會有同感。

# 13 很幸運可以看到這本書

## 鄒秋芳

　　莎涵的《從心出發，讓自己更好》這本書裡，我看到了莎涵一直以來的態度，不管是對於保險業務員還是平常對待生活，都是一個細心、用心且積極的人。

　　超過四十年的工作經驗，讓莎涵從中學習到了很多的經驗，作為她的朋友，我覺得很幸運可以來幫莎涵寫推薦序，也覺得看這本書的人很幸運，希望大家都能因為看了這本書，對自己的未來，不管是工作還是生活，都有所啟發有幫助。

# 14 善用零碎時間，「今日事，今日畢」

## 丘瑷琪

非常感恩莎涵師姊信任一個平凡老百姓提筆寫序，我沒有大道理，只是如實表達對她的印象與敬佩。

認識莎涵師姊是因為讀書會因緣，2020年社區想成立讀書會，莎涵師姊二話不說，提供自家場地，展開每週一次讀書會，疫情期間改為線上，讀書會持續進行到現在。

我對她的印象是一位很優雅的女性，有行動力，做事總是游刃有餘，經過相處，發現原來這一切智慧來自很自律的基本功，看似日常，恆持不間斷最是珍貴，毅力與勇氣令人佩服。

選擇善用零碎時間做分享，是因為與我相契。我是個職業婦女，休閒之餘做志工，因此時間不分長短，都要充分把握，當然先要有明確的目標與方向，先做該做的事，捨棄不該做的事，心裡要明白，有主張，奉行「今日事，今日畢」如此，工作之餘，還可以付出，這是人間幸福之事。

所以把握時間，做對的事，分秒的累積，長時間必定有豐碩的果實，看看莎涵師姊成就，不就是一步一腳印而來的嗎！

# 15 發現更好的自己

### 盧珊妙

　　人的一生，一直在尋找更好的自己，但想要遇見更好的自己，必需從擺脫束縛，跳脫框架，新思維、新處事模式，才有可能翻轉自己的命運。

　　莎涵師姐用心寫出《從心出發，讓自己更好》這本書，與大家分享她的初心及豐富的經驗，希望給讀者有跡可尋，減少摸索的過程，可以更快進入狀況，找到自己的核心所在，自信的應對生活大小事，成為更成功、更好的自己。

　　我們小時候，父母開始教守規矩，要聽話，接受種種規矩束縛。慢慢地也就習慣這樣的教條，並遵守規範服從教導。像書中的小象被木樁拴住一樣的情境，久而久之，習慣了被無形的木樁綁住。當想要突破或改變時，往往就會退縮或不敢離開舒適區，不敢去嘗試。

　　莎涵師姐在書中透過故事引導，帶我們進入書的情境，讓我們慢慢發現自己的木樁是什麼？該如何拔掉它，才能有機會改變現狀。

　　打破框架也提醒我們，自己的動力來源是勇於超越，自己想要，才會積極去完成。原來不足的地方，是可以找外部資源，請求協助，讓自己更順利達成目標，《從心出發，讓自己更好》這本書，我們如獲至寶，一定可以幫助我們發現更好的自己。

# 16 相逢自是有緣

## 陳貞如

在某因緣際會下認識了莎涵姐，自信、從容是我對她的第一印象，漸漸熟識後知道她在保險領域中是個非常優秀傑出的頂尖人士，進而在認識她的幾年後我加入了她的團隊。

在這條壽險道路上，亦師亦友的她深遠的影響了我，除了平常工作上的指導外，她的為人處事及態度，是我學習的標竿。

很榮幸能在這本《從心出發，讓自己更好》這本書中替莎涵姐寫序，這本書是她經驗的累積，經驗的傳承，更是她在人生職涯上的心路歷程，一切都是好因緣，讓我們能慢慢品味書中的內涵意義，以及學習莎涵姐多面向的人生歷練。

# 17 適合大家閱讀的一本書

## 何鳳秀

　　恭喜莎涵姐姐要出書，而且是一本非常適合大家閱讀的一本書。這本書的內容實在是精闢，又寫實，讓我們都能夠淺顯易懂，在這一時代裡，能夠有一個可學習的書本，不難，可以讓我們信手拈來就能學習，莎涵姐的知識像是時時刻刻在耳邊、在身邊，都能夠幫助到我們，我覺得真的是非常的棒。

　　讓我們一起來閱讀這本書，莎涵姐姐以過來人的經驗不吝分享，很真實，讓我們共同閱讀，讓大家共好。

　　莎涵姐姐無論在何時何刻，看見她總是那麼的親和力，她的人如書一般有深度，但她的書《從心出發，讓自己更好》，讓我們都能夠清楚了解，一看就能從書中學會了很多的心法、技巧與能力。

　　莎涵姐姐用心投入在經營保險事業的精神值得學習，她把工作生活化，生活工作化，將保險行銷於無形，管理組織也是做得很出色，姊姊就是很用心做好每一件事，這就是我們的莎涵姐姐，新光以妳為榮，我也以妳為榮！

# 18 少一點迷惘，多一點心安

## 陳奕廷

在新光服務二十七年，可以算是幸福的事，就是認識了莎涵經理。她是一位專業、自律、親和力，形象非常優秀的區經理。每每與他交流談話，都會讓我受益良多。得知她要出書《從「心」出發，讓自己更好》，真的是太高興了！

她累積四十幾年職場工作經驗的心得，彙整在書中與大家分享。當然，這絕對不僅僅是保險從業人員才需要看的一本書；因為在這本書裡，她分享的是她的工作精神與學習態度，甚至可以說是她的人生精華，相信每個人都會從中得到啟發。

業務工作是需要與人接觸頻繁的工作，保險業務也可以說是一個可以接觸到社會百態的行業，要成為頂尖業務，除了要不斷充實自己的專業知識以外，更重要的是走入人群，取得客戶信任，讓客戶願意成交。這個行業是要不斷地學習專業知能自我成長，還要能夠面對客戶，由內到外修練，應對進退得宜，真的很不容易。

　　《從心出發，讓自己更好》這本書，莎涵經理能這麼有條理地逐點整理出來、不藏私地與有緣人分享，讓我對她更加敬佩。就如她在書中所說，她的初衷是希望讓新投身這個工作領域的夥伴，能少一點迷惘、多一點心安。我相信她無私的愛一定可以讓讀者受益良多，因為相信就有力量！祝福大家！

# 19 內在動力轉化為成功的關鍵

## 倪萍憶

　　莎涵經理透過《從心出發，讓自己更好》此書與我們一同探討保險行業中的心路歷程和成長。強調了從內心出發的重要性，並分享如何將這種內在動力轉化為成功的關鍵。

　　作者提及自己在申證MDRT百萬圓桌會員和IDA銀龍獎過程中所獲得的啟示，以及對於工作中核心價值的思考。這本書不僅適合保險從業人員，亦適合所有希望找到內在動力和方向的人。通過深入的故事和智慧，它將啟發你找到自己的目標，並勇敢追求成功。

# 20 心靈雞湯

## 董曉芳

哇！共事13年的長官要出書了，好興奮喔！看著書中的每個文字，彷彿這13年按下快轉鍵，一幕幕快速呈現。

每每在會議上最享受的就是聆聽著動人的故事，莎涵經理用故事激勵部屬，實在是難能可貴。不論生活大小事都能在工作上探討，就如同客戶關係經營一樣，獲得客製化的服務。

我由衷感謝莎涵經理時常抽出寶貴的時間，不厭其煩的回答我問題，也鼓勵我持續進修，支持我一路完成學士、碩士學位，不論是工作上的進修，校園內的學習，這些過程極為珍貴。

《從心出發，讓自己更好》心靈雞湯前總有酸甜苦辣，就讓我們一起細細品嚐。

# 自序

## 一切都是好因緣

2020年9月我接受保險行銷《Advisers財務顧問》雜誌專訪，在頂尖業務高手專欄，分享主題為「鎖定目標客群，驅動業績有效成長」。訪談後，總編輯要我提供個人歷年卓越紀錄。

哇！我都不記得了啊！印象最深刻的，就是進入新光的第一年，就參加了北京高峰會，至於後來的表揚活動時間和地點我都搞混了；事過境遷，印象早已模糊，至於MDRT和IDA龍獎，我也未曾深入了解過。

在早期，公司並不太注重MDRT申證，因此這方面的信息幾乎一無所知，但現在我確信，投身保險行業，為自己壽險工作留下紀錄至關重要，不論是否能達到目標？至少設定申證成為MDRT百萬圓桌會員，及獲得IDA龍獎資格為努力的目標，鞭策自己的動力。

2021年，我也符合MDRT的申證資格，在與同事討論後，我們決定一同申證2021年MDRT百萬圓桌會員及IDA銀龍獎，給自己留下一個值得紀念的紀錄。

《Advisers財務顧問》378期雜誌十月出刊後，我與幾位好友和客戶分享，他們紛紛爭相一睹風采。然而，雜誌篇幅有限，因此朋友們建議若能透過書本，更詳細地介紹內容，更重要的是，透過書本我們可以讓讀者了解經營保險事業的基本成功條件，就是先有「想要」的決心，並擁有專業、敬業、樂業的工作態度。

作為南區訓練中心的兼任講師，我每個工作月要為新進夥伴講課，我能感受到他們的熱情，和渴望成功的期待。

　　我心中想著，倘若有一本書，提供工作指南供新進夥伴參考，讓他們每天不至於茫茫然，無所適從，更重要的是，書中融入真實的勵志故事，可以穩定他們忐忑不安的心，增強他們的信念，讓他們不畏壓力，走出教室，勇敢向前邁進，堅定地朝自己的目標努力，進而提升業務能力，不斷超越自我，這才是最有價值的。

　　從那一刻起，我興起了寫書的念頭。

　　一念起，千山萬水。我投入職場至今超過四十年，務實的學習與工作態度，數十年如一日，始終沒有改變。

　　我確信，唯有讓自己不斷進步，才能讓客戶、朋友，看到我的成長，這樣才能真正幫助他們，不辜負他們的期望。

　　回顧過去，不論在哪一個工作領域，我都得到了長官的厚愛與提攜，還有客戶、朋友對我的肯定；有這麼多貴人的幫助與鼓勵，讓我累積了經驗、見識與核心競爭力，得以發揮自己的價值。

　　時間過得真快，再過幾年我也將屆齡退休，如今將自己職涯經歷，和心路歷程，集結出書，也可說是我的人生職涯期末專題報告。

　　書的內容雖沒有華麗的詞藻，卻能激勵和鼓舞人心。而且在每一個故事背後的起心動念，在字裡行間透漏著的訊息，值得慢慢品味，知道故事主人要說什麼，為什麼這麼做？如果換成您，您又會做如何想法。

　　我相信，當心情低落時，書中的一篇篇故事也可以幫你找到答案，希望能在您的心中激起一股動力，再次找到可以努力的目標，重燃信心。

　　當你相信自己足夠優秀時，就已具備了達標的能力。

　　一切都是好因緣，我終於動筆開始寫書了。在寫書的當下，勾起了我很多的回憶，有一點像是寫回憶錄；有感動的畫面、有紀念感，甚至都會激勵到我自己，想到能為自己的職涯留下紀錄與回憶，實是一件令人興奮的事情。

# 了解自己的核心價值

　　我在演講或與人交談時，不論對方或主題如何，我一定會與對方確切了解自己真正的問題所在，為什麼這樣做呢？因為在對話中，如果雙方觀念不一致，就很難聚焦，難以繼續交流。否則，就會變成毫無意義的對話，在業務行銷領域，我們必須格外謹慎。

　　同樣的，我的書籍將由內而外，先釐清觀念，了解自己想要的是甚麼？再來談如何付諸行動，這樣離成功就更近了。

　　書本內容共有六個篇章：我會從了解自己開始談起，探討做保險我可以嗎？接著從內心出發，讓自己更好；然後可以學習培養的人格特質，及頂尖業務員的六個共同特質：主動積極、正向思考、堅定的信心、同理心、用心傾聽與值得信賴等。

　　另外，客戶的關係維護是成功關鍵，當然還有自我管理和完善的到位服務的習慣等，都會在後面篇章逐一闡述。

　　如今是數位科技創新時代，閱讀變得更多元，紙本書籍可能不及IG、FB、抖音等社交媒體吸睛，電子書也更方便閱讀。但我個人更偏好紙本書籍，但無論哪種閱讀方式，倘若書中的一段故事或一句話觸動你的內心，激發你的潛能，或正巧有你需要的答案，那麼她都是有價值的。

　　同一本書，每個人閱讀角度和感受也不盡相同，我期待藉由書中的生活故事，和實務經驗，為您帶來更多的想像空間，激發您思考和行動，啟發您、推動您，幫助你找到自己工作的目標與方向。

　　引佛經的一段話：「信者，是事如是。」只要您「願意相信」並付諸行動，將自己的優點發揮到極致，在未來的業務生涯，定能創造出美麗精彩的人生。

　　一切因緣「信」為首，當相信的力量，轉動愈大的時候，就是成功即將來臨的時刻，您將成為頂尖業務高手。

# 周莎涵

# 女兒幫媽媽寫序

# 1 包粽！包中！

### 江羽蓁

　　每逢端午節前夕，爸爸媽媽總要開車前往谷關採購上好的香菇，回家後還要將所有新鮮食材進行清洗、醃製，鹹香的菜脯令人聞著就想偷捏一口來吃，厚實的香菇、栗子、猴頭菇和其他各種餡料分別烹煮入味備用，接著洗粽葉、翻炒糯米飯再加入香噴噴的花生，所有的餡料經過媽媽的巧手「包粽」、一顆顆令人垂涎欲滴的粽子就完成了。

　　每年的端午節，媽媽總要這樣忙碌，因為我的母親想分享給親朋好友，除了好吃又健康的粽子外，最重要的是來自大家更多的祝福，「包粽」、「包中」。

　　這包粽子已長達16年了，當初就是為了讓我得到更多的祝福，讓我能順利考取教甄，「包粽、包中」！

　　在當年教甄錄取率僅有0.5%，我不善讀書、且考題刁鑽，我考遍各縣市，南征北討屢屢失敗，我甚至都負氣地想

著：「台灣不要我這位良師，我倒不如去教新加坡的孩子呢！」但考量家人都在台灣，只好咬著牙根繼續考下去。

還記得某年冬天，來了一個冷得直打哆嗦、手指凍僵的「霸王寒流」，在我出門奮鬥前，看見桌上放了2個保溫瓶，裡頭裝滿熱騰騰的咖啡，深知這是母親為我準備的，她從不嘮叨要我認真準備考試，而是靜靜地將這愛傳達給我，讓我能一邊喝著熱咖啡，一邊亦感受到了媽媽的鼓勵。考了七年，我終於金榜題名，我考上了教師，總算不辜負母親的辛勞與期望。

從多年持續的「包粽，包中」，可看出母親堅持的處事態度，寒冬裡的熱咖啡有著母親細膩關懷的行事風格，在這樣的耳濡目染的薰陶之下，塑造了今日的我。

如今我已是一個孩子的媽，我學會承擔與祝福，也學會凡事用心付出，不論孰輕孰重，總是默默付出、給予溫暖與支持，對的事做就對了。

母親的這份愛，是靜悄悄地、不著痕跡地烙印在子女的心中，是一份最親密的存在，是一份最有力的信仰，因為心中有了彼此，即使生活中要面對各種的挑戰與挫折，只要一杯香氣四溢的熱咖啡、還有滿載愛的端午粽子，都是我最重要的能量來源！

為了感謝父母給予我們的生命，為了此生不枉過，我認真的生活，何嘗不是充滿勇氣的選擇，毋忘初心，再創美好，讓我們從「心」出發，讓自己更好！

# 2 自己決定，意味著自己承擔責任

江佩芸

「母親」，給人的印象是和藹可親、溫柔體貼、家事料理達人、生活智慧王，我的媽媽也不例外。

每每遇到可怕的飛天蟑螂，就大聲喊媽媽，肚子餓得頭昏眼花時，趕快找媽媽，沮喪挫敗的時候，還是找媽媽解惑，無論遇到什麼疑難雜症，找媽媽準沒錯！

我的媽媽是一位享受工作成就、追求自我實現的人。她是走在時代尖端的女性，但禮儀卻是堅持復古，處事態度也一定堅守著自己的信念，她自我要求甚嚴，且努力實現每個階段所設定的目標，在我的心中，她就是一個無所不能的母親！

回想當年，我正面臨人生重要的抉擇，高中即將畢業的我，不知道應該先就業選擇從軍，還是繼續升學將來成為物理治療師，我十分猶豫不決，因為這個決定對未來影響甚遠，深怕一個錯誤的選擇會後悔一輩子。

　　然而，媽媽用她一貫溫和而堅定地口吻說：「每個選擇都是好的決定，就看妳自己的心裡真正最想要什麼，可以先就業後再進修，或是先取得學歷再進入職場；但是，讓我自己決定，意味著要我自己承擔責任。」與媽媽幾番討論與分析後，我選擇踏入國軍行列。

　　一晃眼，如今從軍生涯已過16年了，同時也早已取得大學學歷，並且擁有穩定的工作，也有能力為家人分擔解憂。

　　學生時代的我，隨性灑脫、不夠沈穩，有時還讓母親傷腦筋，不過媽媽總能包容我，並且以溫和冷靜、堅定的語氣，將事情的原委、利害關係分析給我聽，讓我看清楚事情的始末，有所依循，不致茫茫然，方能訂下明確的目標。

　　工作十餘年，我也累積了工作經驗，個性也逐漸轉變為內斂，且更成熟穩重，與人相處也更加圓融、有彈性。這還得感謝媽媽的用心陪伴我們成長，細細回想媽媽的話，從他人的經驗，體悟轉化為自己的知識。

記得媽媽常對我們說：「工欲善其事，必先利其器」，「君子立恆志，小人恆立志。」現在我也能深深體會出這些話的真諦，以前未曾瞭解的事情，如今已然豁然開朗，這些是多麼可貴的經驗傳承呀！

媽媽默默付出對我們的愛，早已深深烙印在我心中，家永遠是我們幾個姊妹的避風港。所謂母女連心，薪火相傳，就是把媽媽對我的用心與教導，落實於生活中、工作中。

人生旅途總有很多的課題要面對，我有信心能無所畏懼地迎向未來。如今我雖有能力可以成為媽媽的後盾，但是唯有讓自己更加成功卓越，讓媽媽安心，就是對媽媽最好的回報。我相信，方向對了，從『心』出發，未來一定會更好。

# 3 從心出發的養分－言教、身教

## 江羽禾

每個人的一生總有一個影響自己最深刻的人，而那個影響我最深刻的人就是「媽媽」。

回想小時候，至今叫我難忘的幸福滋味，就是我和媽媽一起在車上吃的色香俱全的便當。當時我還沒讀幼稚園，有時候我會吵著要和媽媽到公司上班。媽媽在下班前，會先蒸熱自己的手作便當，下班後，帶著便當，載我到學校，然後我們在車上吃飯、聊天，吃飽飯再一起進教室。

那時候的媽媽，儘管自己的工作忙碌，但為了實現自己的夢想，下班後仍到大學讀書上課，從不缺席。不論風雨、不畏艱辛，只為實現夢想，媽媽堅忍不拔的態度，給予我很好的身教教育。

在拿取大學學歷後，媽媽告訴我她想要再攻讀碩士。我看著媽媽那炯炯有神的眼睛，充滿光彩的眼神，我知道，那是媽媽喜歡的事，她正在逐步完成自己的人生目標。

　　媽媽對自己人生負責的態度，教會我什麼是「責任心」。因為媽媽總是以身作則，讓我能從旁學習，現如今出社會的我，能夠得到主管的賞識，要感謝媽媽對我的教育。

　　每次談到人生目標時，媽媽總是神采飛揚的說著，只要願意全力以赴，相信自己、堅守信念、勇敢築夢，築夢踏實。在我心中，媽媽是一顆閃耀的星星，她認真將自己的人生過得精采，那是我看過最美麗的人生風景。

　　每個人都有屬於自己的「人生禮物」，它比任何禮物還要珍貴。而宇宙贈與我的禮物——媽媽，是我人生道路的北極星，指引我人生方向，與媽媽相處的幸福回憶和媽媽的教育成為我人生的養分。

　　平時在工作上總會遇挫折，不如意的事，因為我有人生養分讓我有足夠的力量，能夠從挫敗中站起來重新出發。有人說：「當我過得很幸福，才算珍惜你對我的付出。」這些埋藏在心裡、刻在骨子裡的養分幫助我茁壯成長、卓越。因為有養分才能充滿能量，讓我足夠強大去創造通往幸福的路，以此向媽媽致敬，感謝媽媽對我的用心與愛護，只要堅守從心出發，讓自己更好。

# 目次

## 女兒幫媽媽寫序

# 篇章 1

# 保險業務，
## 我可以嗎？

踏入壽險業算是緣分吧！十八年前，我在補習班擔任班主任的工作。

有一天我想要做保單內容變更，平時工作忙一直沒辦；趁工作空檔，我打電話給公司，請他們派員幫我做保單內容變更。

服務路段的業務員到家裡來，我與她第一次見面，簽完一些表單後，我們聊起工作來，「做甚麼工作？……」最後，他開口問；「要不要來我們公司上班？」

應該是因緣俱足吧，保險工作時間可以自主，的確很吸引我，思考過後，我當場回答他：「可以喔！」

他說：「要考壽險證照。」當然「可以啊！」。心想，在補習班，我一天到晚都在考學生，我怎麼還會怕考試呢？

就這樣，我一腳踏進了壽險行業。

剛進公司，雖然業績表現還不錯，但是不諱言，自己的心裡還是忐忑不安，常常問自己：

「做保險，我可以嗎？？？」

回想初入社會，當時我甚麼都不懂，記得國中剛畢業，準備讀高商夜間部，鄰居阿姨介紹我白天去送健健美乳酸菌飲料，健健美就是和養樂多一樣的飲料。我每天早上騎著腳踏車載著一箱箱健健美，逐一送到訂戶的家裡，下午則需要挨家挨戶去招攬，當時我只有十五歲，招攬工作對我來說，真的是為難我了。

雖然我的心裡很緊張又害怕，我還是努力跟著主任學習，我跟主任學習如何與客戶交流。一天又一天過去，終於有一家廣告社的老闆跟我訂了2瓶（每天送

2瓶），這讓我感到非常高興，然而2個月過去了，我只找到這一個客戶，最後我選擇離職了。

到現在我仍然記得廣告社的地址，儘管現在蓋了大樓，道路也已整編，廣告社招牌不見了，但是每次經過那兒，我總要再回頭看看，我仍是很感恩那位老闆，而且我一定會又把這個故事再說一次。是因為我的年紀大了嗎？不是，是我人生初體驗，第一次的推銷成功的經驗，教我難以忘懷，那時喜悅的心情畢生難忘。

第二個工作就是做包裝員，後來因為我讀的是商業學校，學了簿記、會計，剛好有個機會適合我去應徵，我就順利地進化妝品公司做助理會計的工作。

我高中是就讀夜間部半工半讀，為了繼續保持職場的競爭力，自己除了正科學校的課程以外，還會利用寒暑假再去進修，學習一直沒停止。

高商畢業後，仍然持續學習，白天工作之餘，我利用晚上時間繼續修讀二專、二技，最後取得了到東海大學EMBA管理碩士學位。

過去的工作，雖然都是內勤工作，但不同的行業別，有著不同的作業方式，我不斷地調整和修正自己的想法和做法，努力配合公司的業務，力求做得更好。

我本科是會計出身，幸好有專業的實務和理論支撐，即使在不同行業的領域，我也能勝任愉快，我逐漸地累積了更多的實戰經驗。


## 一切唯心造

保險業務與內勤行政，工作性質大不同，既然選擇了保險業這份工作，就該認真全力以赴。

而且，看看那麼多同事他們都可以做一、二十年，我想我一定也可以……，後來，決定不再多想了，專心一志，做就對了。

走進壽險行銷的大家庭，我知道需要做好心理準備，因為高壓力的工作已經成為我的生活常態，這種壓力無形中也是前進的動力；我隨著公司的節奏，鎖定聚焦商品，並致力於用心服務每一位客戶；我相信「盡多少本分，就能得多少本事。」

即使隔行如隔山，我也願意努力學習，提升自己專業知能和行銷能力，我積極考取更多的保險專業證照。因此，任何相關的課程或演講，我都會報名參加。

慶幸自己，在入行兩年後晉升區經理，每天，除了繁瑣的行政工作外，我更注重業務推展、組織管理和團隊帶領。在時間管理上，我努力地有效分配和利用時間。

麗緻集團總裁嚴長壽在一次演講中，說過：

「我在乎的是當我在一個位置時，是否盡力付出？有沒有我能夠做，而沒有做的？有沒有我可以分享，而我忘記分享的？那才是生命中最大的遺憾。」

我已做好心理準備，知道做好自己的本分，需要時間的淬煉，我期待著在行銷、增員、組織管理和教育訓練等方面，都能有稱職的表現。

證嚴法師靜思法語：「用心就是專業。」

這句話鼓舞自己，生出源源不斷的信心與往前推進的力量。

徵員招募的確是一項大工程，如今，我終於明白，當初我答應加入公司時，介紹人之所以興奮高興的原因了。換成是我，一句話這麼容易就增員成功，如此的感覺是多麼令人興奮、開心的，甚至想要放鞭炮慶祝呢！

　　業務，是一個永遠都有職缺的工作，尤其是從事保險業務，招募增員更是不可或缺的重要工作。

　　壽險業務的成功與否，關乎業務員的生存。持續不斷用心經營客戶，一步一腳印，步步踏實，重視自己每天的活動量，落實勤拜訪，才能將客戶的名單化為實際的保單。

　　另外，要成功經營保險事業，我們需要有強烈的企圖心，和良好的組織管理能力，這才能使我們在這條路走得更穩、更久、更長遠。

　　做為主管之一，培養和留住優秀人才也是我們的責任之一。當我遇到適當的組員，我願意成為他們生命中的貴人，鼓勵並協助他們晉升區經理，很高興自己的區業務，也曾晉升三個子區。

　　人們常說，世界上最遠的距離，是從「知道」到「做到」的距離。

　　這句話，我們都聽過，但我想再次強調，很多人雖然知道該做甚麼，但缺乏動力去實踐。因此，雖然擁有知識，但要堅定信心並付諸行動並不容易。

正如佛陀所說：「一切唯心造。」

要取得成功，除了自我管理和自我鞭策，還需要堅持不懈地朝著正確的方向努力，勇敢的投入工作，以全力以赴的態度對待每件事情，努力超越客戶的期望，建立個人品牌形象，贏得客戶的肯定，這是通往成功的必經之路。

越努力越幸運的團隊

## ▌團隊合作布置篇

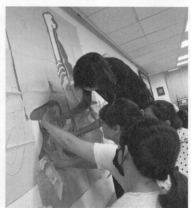

大功告成

8工A區團隊參加TMCC挑戰營

板橋區部期前活動

埔里收早會分享

榮譽宴表揚大會

鹿興收期前活動

# 從「心」出發，
## 讓自己更好
### 篇章 2

在AI、AR時代的來臨，數位經濟百花爭艷，保險業界競爭激烈，業務員需要不斷進修，保持專業知識與專業技能的更新。

對每一位壽險從業人員而言，能否在保險業生存，端看業績表現。因此，每個人都在努力投入時間與精力於業務工作中。

成為頂尖業務員的關鍵是充實專業知識技能，以及培養良好的人格特質，包括品德修煉、誠信、工作熱忱、同理心，及有效的客戶關係管理。

業務的成功關鍵，在於與客戶的良好關係。這需要業務員展現專業與處事態度。在與客戶的互動中貴在真誠，與提供差異性的服務價值，才能贏得客戶的信賴與支持。

# 歸零，從「心」出發

2010年我就讀東海大學EMBA管理碩士專班，碩二那年，我修了創意動力學這門課，老師余佩珊，帶我們學生共十二人，到美國紐約州立大學水牛城分校（State University of New York at Buffalo）進行十五天的短期學習課程。

課程結束後，老師帶我們到紐約著名景點逛一逛，我們也安排加拿大尼加拉瀑布之旅。遊輪活動結束後，我們到對面公園散步。我們看到了有一些白皮膚的美國人躺在白椅子上、或鋪著墊子在草地上曬著太陽，大家開始讚嘆！美國人的生活就是這麼優閒啊！

公園的另一邊，我們也看到了黑皮膚的外國人躺在椅子上曬太陽，可是大夥兒心裡疑惑著，黑人失業的問題有那麼嚴重嗎？

我們純粹是直覺的反應，表面上看去，不管是白皮膚或黑皮膚的人都是在做日光浴，我們並不知道他們悠閒做日光浴？還是失業沒地方去？

我們常常被刻板印象所束縛，以膚色及表面特徵來評價他人的行為，這種做法往往超出了事實，卻仍然難以克制。

事實上，每個人都有自己的生活經歷，不應該根據過去的印象來評斷，而應該持開放態度，隨時將經驗歸零，讓每一天都是充滿新鮮感和希望。有時候常常會因為各種不同的因素而帶來不同的感受和體驗。

因此，我們應該珍惜每一次的相遇，不斷的擴展自己的視野和心情。在日常生活中，我們與同一群人，在同一個地點，進行相同的活動、甚至享用相同的餐點，這似乎不可能。

但在實際生活中，卻是常聽到這樣的對話。例如，某人可能說：「這個假期我們一起去泡溫泉……」，而另外一個人回答：「我去過了啊！不想再去……！」，或者是：「我們去××餐廳聚餐……」，然後有人說：「我已經去過了，餐點沒甚麼特別，不太喜歡那裡……」

　　這說明了同一個場景，可能因為天氣變化，或伙伴不同，而帶來不同的心情與視野。

　　同樣的餐廳，即使菜色相同，也會因為一起用餐的人、談的話題不同，而有不同的感受；即使常常見面的朋友，每一次的相見，也不可能都是相同。

　　因此，我們應該珍惜每次的相遇，因為下一次見面，可能已不知何時。

　　《茶湯一會集》一書，由日本江戶德川幕府時代的井伊直弼所著，書中這樣寫：
「追其本源，茶事之會，為一期一會，即使同主、同客，可反覆多次舉行茶事，也不能再現此時此刻之事。」

　　作者認為每一次茶會的舉辦，都是一生中唯一的一次體會。即便是同樣的主人與客人，也無法再一次的重覆其感受。

　　因此每一次的茶會，主人都會戰戰兢兢的籌辦，參與的客人也都歡喜、靜心的領會其中的盛意。

2021年我參加公司東方夏威夷澎湖之旅，一共有六部車，所以各車的活動行程會錯開，才不會同一個景點在同時間擠進太多人。

第一天A車的同事先乘坐十二人、二十二人座共兩艘的帆船遊海。回來時聽到有人說，當天風浪很大，BBQ的食物餐盤，因為船晃動太大都滑下來；而且太陽也很大，大多數的人都待在船艙內，直喊：「熱啊！」，我們聽到的人，心都涼了一半，不敢對明天的行程抱太大的期望。

第二天，輪到我們B車團員坐帆船出海遊玩，當天，天氣真是太好了，不但風平浪靜，也沒太陽，很適合海上活動。我們每個人都還可以輪流當一日船長，雖然沒有經驗，我和幾位同事也都輪流在船長的指導下，自己握住方向盤，雖然很簡單、可以輕鬆的駕馭帆船，但是還是有一點緊張，的確是一個難得的體驗。

遊海全程2.5小時，有的同事躺在甲板上享受海上微風徐徐吹來，有的一起聊天吃著美食、或拍照。每個人無不沉浸在其中，享受優閒、沁涼的海上假期。

　　A車、B車行程都一樣，我們B車確實很幸運，天公作美，只差一天，感受卻截然不同。

　　因此，將經驗隨時「歸零」，是何等的重要啊！

　　相反的，當「過去的經驗」，成為一個個「比較的標準」後，生活就很難再找到樂趣。生活如此，工作也一樣。

　　倘若你想避免每天沉淪於「失望」與「無趣」中，就應該學習隨時把經驗「歸零」，從「內心」出發。

　　這不僅適用於保險業，任何業務性質的工作都如此。業務員每個月都有目標責任額，即使上個月業績做得再好，下個月第一天都要歸零重新開始。

　　有時候看到業務員，在保險競賽月的表現不如預期，而感到沮喪；但下個月忽然間客戶決定了，百萬業績就蹦出來了，這早已是司空見慣的事情了。

# 拔掉你的「木樁」

分享一個學生時代聽過的故事，我們都知道大象力大無窮，但是在馬戲團裡表演的大象，在牠們還是小象的時候，團長都會用鐵鏈把小象拴在木樁上。

小象當然不想被拴住，會試圖逃脫木樁。但是，小象力氣小，拉扯鐵鏈使得小象腳被鐵鏈割傷，而且還會被抽打，小象知道拉扯既無效又痛苦，於是停止掙脫。時間久了，小象被制約了，常常被繫在木樁上，牠總是很安分不敢掙脫。

一天天過去了，小象長大變成了大象，力大無窮，在馬戲團表演上力氣大得用不完，可以搬很多東西，但是在表演後，大象卻很安分的被鐵鏈拴在木樁上。只因為牠從小象到大象被木樁拴住的經驗，牠放棄了，因為徒勞無功。

聽到這裡，我們都知道，其實大象是被自己制約了，被牠以前的觀念所束縛，即使長成大象了，力氣、體力已有經有了很大的改變，牠還是不敢再嘗試，不再有想要移動木樁的念頭。

「木椿」，它就像是妨礙每個人發揮潛力的障礙；舊觀念及舊經驗或許不是具體可見的阻力，卻是由每個人過去細微的經驗所累積，因而產生的無名恐懼，讓自己裹足不前沒有動力。

試問自己，是否有如被木椿拴住般的痛苦經驗。

你相信嗎？原來，你只要增強自己想要的決心，再嘗試一次，勇敢地去面對，不再讓「木椿」侷限了自己，只要勇敢設定好目標往前推進，一定會有意想不到的收穫。

知道你的「木椿」在哪裡嗎？

請，拔掉它！

# 跳出框架

　　下面的益智遊戲，我在學生時代玩過，也常提出和學員動動腦（請先不急著看答案），遊戲規則如下：

> **請用一筆畫完成四條連線，這四條線正好貫穿連接這一張圖的九個點，而且每一個點只能被穿越一次。如右圖。**

　　您想到答案了嗎？如果還沒想到，請參考下列的提示。

**提示1** ▶▶ 規則中有任何和框框相關的規定嗎？

**提示2** ▶▶ 在剛剛努力求解的過程中，曾經有想過將線畫出框框嗎？

**提示3** ▶▶ 如果我在框框的外面，加上這兩個虛擬的圓，請問：你能否畫出來呢？如右圖。

原來的九個黑點加上這兩個虛擬的圓，一共有了11個點。想到答案了嗎？

原來這個九點連線的益智遊戲，是要加上兩個虛擬的點才會迎刃而解，完成圖如右圖。

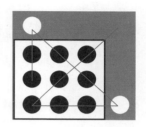

為什麼加了這兩個圓，我們就能夠一筆畫出4條連線，順利達成任務？如右圖。

**關鍵是：兩個虛擬的圓。**

為什麼一畫出兩個圓來，答案立刻浮現？在我們的日常生活中，您覺得它像什麼呢？

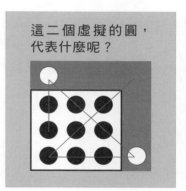

這二個虛擬的圓，代表什麼呢？

這兩個圓，我定義它為：**外部資源和勇敢超越**。如右圖。

外部資源，就是幫助我們成功的工具和養分，也是成功必備的要素之一。

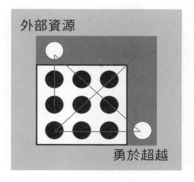

外部資源

勇於超越

73

大多數的人在玩遊戲時，會不自覺的被黑點的外框限制住，不敢跳脫出框架，是因為被自己的潛意識裡固有的思維模式限制了。

如前面的 **提示1**，規則中並沒有任何和框框相關的規定，我們就是不敢跨越，這就是我們思考的迷思。

了解了我們平時解決問題時的思考模式了嗎？我們往往被固定的思維模式所束縛，無法突破困境。

當面臨困境時，是否曾想過尋求方法？尋找外部資源協助？

「外部資源」和「勇敢超越」是相輔相成的。

「自知不足乃知識之基石」。

我們要評估自己已具備哪些能力？那些地方還有不足？

透過學習或請教他人，不斷的修正自己，提升專業能力，壯大自己，提高競爭力；有了足夠的信心與膽識，我們才能勇於超越。

# 成長的動力來自於，我想要

「勇敢超越」和「外部資源」確實是很重要的一部分。但最關鍵的還是「決心」。

當你有強烈成功的決心時，才能找到奮鬥的原動力。

我曾經面臨一個挫折，一個朋友介紹了一個客戶給我，買了投資型躉繳保單，保費高達100萬，但突然改變主意，要取消契約，要把錢轉到定存。

當時我感到非常沮喪，我想要把業績補回來。我曾考慮找幾位客戶，想了幾天，還是躊躇不前；直到那時讀小五的女兒對我說：「媽媽，你一直說要去找阿姨，說那麼多天怎麼還不去呢？就試試看嘛！即使失敗也沒關係啊！」

是啊！我意識到，真的不要多想，有說就有機會，設定好目標，單件額度小就多做幾件，盡力補回一些業績，總是比沒有好，即使失敗了也沒甚麼大不了！後來，我決定要勇敢再嘗試一次，於是我行動起來！

　　正巧母親節快到了，於是，我各買了蛋糕到客戶家拜訪，很幸運的，當天我順利成交五件儲蓄保單，保費共120萬。

　　這次的經驗給我一個啟示，勇於追求夢想，最重要的是付諸行動。

　　每一個客戶喜歡或需求的商品種類都不盡相同，這個客戶不喜歡，不代表每位客戶都不喜歡，如果我們想都不敢想，又怎麼可能成功呢？

　　我們的「力量」取決於我們的「願力」有多大，

　　成長的動力就來自於，我們「想要的決心」！

　　2008年總裁獅子心的作者嚴長壽總裁，在全省有六場讀書會，東勢林場的一場讀書會是在9月27日，導讀的是《看見台灣的未來》這本書。在七月的某一天早上九點才開放網路報名有100個名額，我請女兒一大早起來幫忙上網報名，結果報到112名，我排在候補，雖然有點失望，但也沒辦法。

　　9月26日氣象局預報9月28日有颱風，主辦單位打電話問我；「讀書會有人取消，你要不要補位。」，我當然要去囉。我先生還質疑，颱風就要來了，別人都取消，你還要參加？……

　　當天早上七點，我從太平區開車往東勢林場，雖然沒去過，不識路，因為很想要去聽嚴老師演講，既然主辦單位如期舉辦，下雨天，天氣是阻擋不了我雀躍的心情，我還是排除萬難，憑藉著導航指引，很興奮的一個人開了一小時三十分的車程，終於到了東勢林場。

　　當然，那天聽了兩小時的演講，我開心又滿足，演講中，嚴老師對我們說：

　　「你是自己的天使，只有你能決定自己的未來，而當你願意去做別人的天使，生命才得以豐滿。」

　　這句話，給了我莫大鼓舞的力量，我從出社會以來，受到很多貴人的提攜與照顧，希望自己將來也有能力能幫助別人，成為別人生命中的貴人。

　　演講結束後，老師很親切的和我們聊天，並和我們拍照。入寶山當然不能空手而回，除了聽一場精采的演講，當然我還帶了老師的書，請老師題字簽名。

因為我渴望參加這一場演講，剛開始，我雖然沒能順利報名在前100位，卻因颱風可能來襲的因素，有的人取消了報名，但是主辦單位如期舉辦，我無懼於颱風是否會進來，有補位的機會我當然不放棄，有願就有力，才能如願聽到這一場既知性又感性的演講。

平時，教我一個人開車去東勢林場玩，我大概不會去，何況我不曾自己一個人開車去那麼遠的地方。

這裡，我要強調的是，唯有先啟動自己內心迫切的渴望，和那一分堅持想要的決心，才有驅使你積極付諸行動，追求卓越的原動力。

## 改變，離成功更進一步

【猶太商法】裡有一句話，
「再窮，也要站在富人堆裡。」

這句話告訴我們，如果我們停留在平凡和消極的思維中，我們的人生自然就是平凡和消極。

然而，當我們積極追求成功時，我們會發現機會無處不在，我們應該站在成功者身邊，學習他們的思維方式、行為模式和價值觀，這樣我們才能學會成功的本事。

　　想法改變，會帶來觀念的改變，進而產生成果的改變。

　　成果變，命運就變了！！

　　對於每一位保險從業人員來說，業績就是命脈，因此大多數人的情緒，通常會隨著業績的變化起伏不定。

　　業績好，心情就輕鬆，但業績下滑時，情緒也跟著跌落到谷底。

　　我們平常應該保持平常心，專注於每天的工作，認真做好自己的本分事。就像種植水稻一樣，雖然每天看著，看不到明顯的增長，但是幾個月過去了，就可以看到黃澄澄飽滿的稻穗了。

　　我們只要努力耕耘，業務能力一定會逐漸提升，雖然我們可能沒有察覺，但是客戶一定可以感受到。因此，我們只要設定好目標，持續地往前推進。

　　《華爾街日報》暢銷書：「所有工作都是業務工作：銷售力是最有價值的職場軟實力」，作者辛蒂 麥高文博士Dr. Cindy McGovern在書中談到，所有工作的本質，都是在「做業務」。

　　無論行政、產品開發、企劃或業務部門、一般上班族、自由工作者、企業主，甚至是教職或網紅，只要你的工作需要「說服」別人，你就得具備銷售技能，誰都需要「銷售」，只是銷售的內容和方式不同而已。

　　例如，我曾在運動器材公司上時，雖然接單與客戶接洽是業務經理的工作，但是，當客戶對商品的功能結構有疑問時，開發部門就必需面對客戶，向客戶解說並說服客戶接受我們公司的產品，開發也是業務。

　　很多的大樓管理顧問公司，與社區的管理委員也需要說服住戶，犧牲美好的周末假期，參加住戶大會，不管要選舉主委、或是有等待解決的議題，須透過住戶大會表決決議後，才能順利推動社區的公共事務。

　　還有，相信每個人都曾經歷過這樣的經驗，你到便利商店買東西結帳時，店員會跟你說，你買的商品第二項打八折，或者，手指著櫃台前面的商品，告訴你哪個商品有加購價……等等。

　　因為加盟公司會對便利商店要求，每個月有某些品項必須達到合約銷售量，老闆有經營壓力，店員當然就有銷售壓力。

我每天早上起床都習慣收聽廣播，節目主持人會提醒多聽他的頻道，希望你不要轉台，甚至於請你訂閱Youtuber，按讚，衝點閱率、開啟鈴鐺、分享給你的好朋友等等，因為他們也會擔心如果沒有聽眾，就沒有廣告商，他的廣播節目隨時可能會被收攤停播。

我在補習班時，也有招生壓力，學生出狀況要處理，還要面對家長說明，找不到老師授課我也有壓力，每個月還要對老闆做會報，有時老闆會親自到補習班或打電話來關心，這些壓力也絕非局外人能體會的。

我有一客戶從事修改衣服的工作，也常向我抱怨，他曾碰到客戶拿國外買的精品服飾給他修改，有一次還真的改錯了，也無法挽救回來，結果被客戶罵的……，他也覺得沮喪壓力很大。

因此，我們應該意識到，不論從事哪個行業，我們都必須將我們的服務和產品推銷出去。當客戶不上門時，我們可能會感到壓力，但這也是每位老闆都會面臨到的問題。

事實上，每個人每天都在做業務，都必須說服別人接受自己的建議，所以不管從事甚麼性質的工作，都要持續認真努力工作，精進學習，就一定會成功。

# 會工作，更會玩的新觀念

日本管理學大師大前研一的「OFF學」,的觀念:在衝刺ON的競爭人生時,OFF也同步開始!會工作,更會玩:唯有成為自己OFF的生活達人,才能ON在新世界。

保險業務的工作,通常被認為只是一份高壓力的工作。但事實並非如此,工作的壓力取決於每個人的工作態度、情商管理和抗壓性。

依保險事業發展中心2021年統計,國內人壽保險及年金保險投保率從2019年的256.09%,提高到2020年的260.49%,等於台灣人每人平均有2.6張保單。

民眾對保險觀念與昔日大不同,各大保險公司多元拓展保險觀念及服務,民眾越來越夠接受保險的觀念,以及台灣壽險滲透度連續第12年蟬聯全球第一,顯示台灣人很愛買保單,尤其以儲蓄險保單,更帶動了保險市場的蓬勃發展。

近年來,公司的保險倍增月,不再是誓約結束日目標業績達到多少?而是誓約在第一天完成100%責任額,或是開盤第一天業績就破千萬。

思想改變,行為跟著改變,結果就大大不同了。

在公司，我們經常看到幾位業務高手，在每次的保險月獨占鰲頭，展現令人稱羨和讚嘆的亮麗業績。

他們的成功不僅源於高壓力的工作環境。更取決他們的工作態度、情商管理和抗壓性。這些業務高手所展現出來的業績絕非僅僅口頭上說說就有，而是他們平日用心經營客戶而得到的成果。

現代人很重視休閒活動和健康，客戶也認同工作之餘確實需要享受生活，避免成為只知道工作賺錢，而沒有時間和心情享受生活的賺錢機器。

許多超業分享了他們與客戶一同旅遊的經驗，有時是短短的兩、三日遊，甚至是十天、八天的國外旅行，這種與客戶結伴旅行的做法，不僅讓客戶之間彼此更加認識，擴展人際關係，也加深了與客戶朋友之間的情誼。在每次出遊或聚會活動中，他們都會用心準備，提供高品質的款待，例如熱茶、咖啡和美食，讓客戶都感受到五星級的服務。

由於對客戶的用心關懷和款待，這些業務高手贏得了客戶肯定和依賴，自然地獲得了客戶的轉介紹。因此，他們不斷的擴大了自己的社交圈；形成一個積極有益的正向循環。

我讚嘆他們真是「OFF學」的實踐者，「會工作，更會玩」，數十年如一日，他們的工作效率高，業績表現更亮麗，客戶源源不絕，這種積極的態度和作法，確實值得我們學習和仿效。

# 真正與眾不同，
# 是在壓力下堅持自我的人

哥倫比亞大學的社會心理學家所羅門·阿希也曾提出，「真正與眾不同，是在壓力下堅持自我的人。」

哈佛大學心理學家羅伯特·耶基斯Robert Yerkes與約翰·多德森John Dodson發現，壓力可以提升人們的學習表現，而且壓力越大，表現會越好，因為壓力會迫使人們更認真、努力地去應對困境；直到壓力超過一定程度時，人們才會因為壓力的增大而影響發揮。

有一項針對老年人的研究中發現，應對壓力可能會防止你變「笨」。研究指出，經歷過家庭衝突、家人生病等壓力情境的老人，會比一般老人有更強的認知能力，而且也更少患有失智症。這是因為壓力迫使老人們運用思維去解決問題，讓他們更多地使用自己的認知功能，減緩了認知功能的退化。

在日常生活、工作、學習中，每個人面對壓力時，做出的反應是不一樣的。有些人在感到壓力時，會越戰越勇，努力想辦法解決問題。

因此，當我們面對壓力時，若是能正面看待，壓力可以幫助我們接受挑戰。心理學家說過，「適度的壓力，還能防止變笨，壓力，反倒可能讓我們的發揮變得更好。」

業務工作就是維持一貫的步調，只要在每一季的第一天，開始就設定好一季的工作目標，凡事正面看待，認真專注在每一個當下，努力完成目標，「成功」絕對是屬於能堅持到底的人。

想要讓自己更好，「改變」，唯有改變，你就離成功更近。

人，不一定要當「最好」，但一定要懂得讓自己變得「更好」。

任何事都是從一個決心，一粒種子開始。

你想成為頂尖業務員嗎？讓我們就一起隨著書本一起探索，找到自己的定位與方向。

# 頂尖業務員的
# 六個共通特質

篇章

成為頂尖業務員,是每一位業務線上夥伴們心中共同的目標,它並非遙不可及。

對於超級業務員來說,良好的工作習慣是關鍵,因為他們知道,良好的工作習慣讓他們能掌握業務節奏。他們具有堅定的信念,對目標達成充滿執著及堅持,並以勇敢面對困難的態度接受挑戰,他們的表現一切都來自於他們優秀的人格特質。

想要實現夢想獲得成功,我歸納了頂尖業務員的六個共通人格特質:主動積極、正向思考、信心、同理心、用心傾聽、值得信賴等。

　　成功的業務員平日除了要詳細研究商品特色、條款、功能，還要了解行政作業、法規更新等專業知能，更要專注用心於每一件事情，真誠與客戶互動，方能提供客戶貼切又到位的優質服務。

　　本章節介紹的頂尖業務員共通的人格特質，我更強調品德內涵，應更勝於外在的技巧。

　　頂尖業務員的六個共通特質：

# 特質一、主動積極

　　每一位成功者，都有一個共同的人格特質，就是「主動積極」。

　　根據成功學大師史蒂芬‧柯維Stephen Corey所提倡的高效能人士七習慣，第一個習慣，也就是「主動積極」。可想而知，這個習慣放在第一，有相當大的重要性。

　　「主動積極」是什麼呢？我特別查了字典，那就是未經他人指示或要求，而能自動自發做事，面臨發生問題時，能立即採取行動，加以解決，而且為了完成目標，願意主動承擔額外的責任。

## 不斷學習，保持職場競爭力

回想1983年，我唸專科一年級，期末考剛考完試，在回家的路上，我立刻轉到補習班報名稅務會計課程班。

當時我意識到，在化妝品公司當助理會計三年了，公司的稅務帳都委外記帳，這是在學校無法學到的寶貴經驗，作為一名會計人員，我必須要不斷精進自己的專業知識，這也促成我在寒暑假期間去補習參加進修課程。

後來，因緣俱足我也晉升了會計主任，我依舊持續工作和學習並行，有機會我也開始承接其他公司的稅務帳，繼續豐富自己的經驗與技能。

機會是給準備好的人，回顧當年的自己，認真的工作態度獲得總經理的肯定，得到晉升的機會，現在回想起來，不禁對自己當年的認真進取心讚嘆不已。

在2005年，記帳士法通過，需通過記帳士考試，方可為記帳士，我因登記執業年資已超過二十年，算是資深稅務代理人，國稅局認可我免考試，直接頒發執業證照給我，我感到非常幸運與滿足，很慶幸自己能夠將這一份職業一路走到現在。

從事壽險工作的同時，我積極取得了多項專業證照，包括壽險、產物、外幣、投資型、信託、財務顧問師RFC證照。除此之外，我還持續學習房地產經紀業務、遺產稅、贈與稅、個人及公司稅務等相關專業知識，以提升我對客戶差異性價值服務的能力，這些努力得到了客戶的認同與肯定，讓我感到非常滿足與欣慰。

## 工欲善其事，必先利其器

30多年前，我在一家運動器材公司擔任財務經理，每年三月都是申報營利事業所得稅高峰期，由於公司的營業額大概都落在兩億到三億之間，財務部門的工作壓力非常大，我們需要進行單位成本分析與損益計算，這些工作非常繁瑣複雜，常常加班到很晚。

人工計算，難免過帳會出現筆誤，所以即使在假日，我也需要帶帳冊回家，反覆核對，找出不平衡的原因。我曾經向總經理建議買進銷管理系統，但得到的答案總是，「再看看……」。

「工欲善其事，必先利其器。」為了提升工作效率，我決定自己投資十二萬元買進銷存軟體，有了這套系統，我們的日常作業變得更加順暢和高效率，我

們不再需要花費大量的人工計算或核對過帳。這不僅大大的減少人工疏忽造成的錯誤，也確實讓我們的工作輕鬆不少。

2006年4月我投入新光人壽，當時投資型保單是市場上熱賣的商品。剛入行，我對壽險商品不熟悉，考慮自己是財會背景，銷售基金可能是更好的選擇。

工欲善其事，必先利其器，為了更進一步了解基金理財相關資訊，於是我每個月付版權費用購買了一套軟體，可供我查詢各基金的淨值、趨勢、系統分析等相關數據，還有提供每檔基金的標準差、貝他（β）係數、夏普指數等資訊。

**標準差** ➤➤ 代表過去淨值表現穩定程度，標準差愈大，波動較大，風險程度也較大（需在同類型中做比較）。若年化標準差大，表示該基金易暴漲暴跌，可能適合積極型的投資者，保守型的客戶，就選標準差小一點的。

**β 係數** ➤➤ 代表基金波動程度，若>1，表示風險大於整體市場，適合積極型的客戶；也適合定期定額投資者。若<1，代表波動小，風險較低，適合保守型。

**夏普指數** ►► 代表每單位風險所帶來的報酬，若>1，表示報酬優於定存，若<1，代表每一份風險帶來的報酬不如定存。

這套軟體可讓我搜尋到兩千多檔基金的財經數據，我可提供給客戶做為選擇投資標的的參考依據，幫助我更順利銷售投資型保單。

2008年金融風暴，股票、基金債券、衍生性金融商品，股價、淨值跌至谷底，無一倖免；大家談股票、基金色變，客戶個個驚慌失措，我也是憂心忡忡。

客戶的心理我能理解，當時惡劣的大環境，我告訴自己不能逃避，要勇敢的積極面對，尋求解決的辦法。我說服客戶不要急著出場，請他們給我時間，讓我積極做投資標的、投資組合的調整與轉換。

有些客戶因為擔心害怕選擇認賠出場，絕大多數的客戶，因長時間對我的信任，也就選擇繼續持有保單；有軟體提供的數據，讓我能做判斷的參考依據，選了幾檔基金，積極轉換；好的標的股價、淨值急跌，要漲回的機率很大，只是時間的問題罷了。

　　每次要做轉換，就需要向客戶拿保單、請客戶簽名，客戶不捨我每個月跑三至四趟，不停的奔波，乾脆一次多簽了幾張契約變更申請書給我，免得我跑來跑去，未料表單常常改版，還是得重簽。每每收回來的保單，不誇張，從地上疊起來就到書桌一樣高了。

　　不過那段日子，我與客戶建立了深厚的革命情感，2010年，客戶保單累積投資報酬，不僅跌下來的價位全部補齊還多賺了一些，幸好我有這套軟體幫助我。

　　這套系統給我有了投資選擇的參考依據，我才能勇敢地向前推進執行下單轉換，做投資組合和投資標的變更，經過一年十個月的時間，客戶連本帶利回來了，終於讓我能順利交卷，我和客戶心中的石頭總算可以放下了。

## 用心就是專業

　　德國詩人歌德說過：「起而行，就能讓功能熱起來，沒有去做，你永遠不知道你自己會做得有多好！」

　　我從高商到專科時，一直在某化妝品公司任職會計，有一天，公司的倉管要離職，因一時找不到人，後來總經理找來鄉下的鄰居來幫忙，這位倉管當

時二十二歲。自小學畢業後，就一直在鄉下務農，對於進、出貨管理完全不曾做過，後來還是勉為其難入職，簡單的和同事完成移交後就開始工作了。

一般人認為倉庫管理的工作就是管理進、出貨，也就是負責收貨點收，及出貨、理貨、裝箱、打包，叫貨運收貨就好。依一般人的想法，覺得這份工作也還好，當倉只要他年輕力壯體力能負荷，自然可以勝任。

可是，在四十年前電腦沒有這麼普及，不是每一家公司的倉儲都有電腦化。因此，開立出貨單、退貨單，只能利用計算機逐筆計算，光是使用計算機，填寫單價、合計及總計就很為難他了。

你會說，這有甚麼難呢？試想，一個平時務農又沒有倉儲經驗的人，對他來說，拿筆比拿鋤頭還重。初來上班時，我也只是告訴他工作項目，還有教他使用計算機，看他手指著品名，一筆一筆數量、單價、計算、抄寫，很是吃力，我還是等他學會了，我才離開倉庫。

有一天，我再去倉庫，關心他是否有甚麼疑問，當時讓我看到的一個畫面，叫我至今記憶猶新，印象深刻，真的佩服他認真的工作態度。

他將公司每一項產品的單價、數量、合計，從第一瓶寫到第一百瓶，光是產品數量就有一、二十種，而且每一種商品寫一張。

你會問，他為什麼要這樣做？

化妝品每一箱有十二瓶，正常訂貨是以打為單位，但是當時各種化妝品的單價不一，有一瓶兩百五十元，一打是三千元；兩打就是六千元……；如果一瓶單價是兩百元，一打是兩千四百元，兩打就是四千八百元……，整打出貨還單純些，但是碰到退貨就是大工程了。因為退貨的數量不一定，大部分是零散的，有的退回八、十五、二十六、四十三瓶不等……。

當下我真的很震撼和感動，由衷地佩服他的敬業精神。此後，他不論開立出貨、退貨單，都不用再忙著按計算機，有了參照表，他就可以快速地看著單價、數量表抄寫，他的速度比用計算機還快。

他主動積極的態度令人讚嘆，我只教他「該做的事」，沒有人教導他，如何做才能把事情「做好」。倉庫管理對他來說是外行，但是，他克服了他的弱點。

用心就是專業，勤能補拙，他願意花一些時間來整理數據表單，把每天重複且繁瑣的工作簡化了，讓工作更順暢、更有效率。他認真且負責的積極態度，展露出來的是對工作的熱忱和用心。

做保險工作不也是一樣嗎？絕對沒有誰比較行……，只要你願意去做，不會的就問，肯下工夫踏實的學習，努力付出行動，你也可以像這位倉管一樣做得很出色。

## 負責的態度，工作就有熱情

很多人對於工作的迷思在於：他們認為從事有興趣的工作就有熱情，其實不然。這位倉管他對倉庫管理的工作完全陌生，更別說興趣了，他是臨危受命，友情相助。

一個原來是務農的人，只會種田、種菜，其他甚麼都不會，現在叫他放下鋤頭，改拿起筆來，對他來說是非常辛苦的事。但是他不怕苦，毅力堅強，想辦法克服，極力把它做到最好，如果換成別人，很可能早就找藉口打退堂鼓了。

　　具備主動積極的態度和敬業的精神，能讓一個人專心地去做好一件事，有困難就想辦法解決，讓原本困難的工作迎刃而解，自然就能勝任愉快。

　　專業、敬業，才能樂在工作中。

　　一件新契約的成功，50%取決於業務員態度的積極與否，其次才是專業和書面溝通技巧。也就是說，前面的實例分享告訴我們，只要你擁有負責、主動積極的熱情，就等於成功了一半。


## 目標浮現，力量自然湧現

　　當你發現，心裡真正想要的是什麼的時候，目標浮現，你的力量自然就會湧現出來。

　　找到標竿人物、成功典範向他學習與仿效，為什麼可以做得那麼好？怎麼做？你就學習他的做法，把他的優點變成自己的優點，方向對，方法對了，付諸行動，百分百的複製，就一定可以成功。

## 特質二、正向思考

### 信心、毅力、勇氣三者具備，
### 則天下沒有做不成的事

證嚴法師說：「信心、毅力、勇氣三者具備，則天下沒有做不成的事。」

從事業務工作，在面對客戶的過程中，難免會發生窘境、挫折的情形，我想問：「這個困境是成為你的阻力還是助力呢？」關鍵就在於你的態度，及正向的思維模式。

每一個人在生命的旅程中，或多或少會遇到挫折、生活的難題；正向思考的人，即使曾經失敗也不自艾自憐，他正視自己人生的課題，極力去找尋答案解決它，讓自己過得更好，讓自己的生命更加成長茁壯。

回顧國中求學階段，因為家裡生活很辛苦，媽媽是傳統典型的重男輕女，兩個哥哥當然小學畢業後一定要繼續升學。至於我的大姐和二姐就只能讀到小學畢業，當然我也不例外。

　　我國小畢業後，就在家裡幫忙，大哥和大姊看我每天悶悶不樂，知道我想繼續讀書。他們跑去跟媽媽說，時代不同了，既然我有興趣讀書就讓我讀，最後媽媽終於首肯答應。於是我在里長的幫忙下，雖然已開學一個多月，我還是可以順利入學就讀。

　　報到時，學校安排我在最後一班，最後一號，我真的很高興，終於可以讀書了。

　　入學後，發現同學們早在暑假就先補習英文，何況我又慢了一個多月才入學，所以同學們都能朗朗上口的英文，我連ABC還看不懂；班上有一位同學常取笑我，當時我心裡很生氣，但是我告訴自己，我一定要迎頭趕上，無論如何我的英文成績一定要贏過那位同學；國中三年級畢業前，學校各科的學業競試，我的英文成績是全校第三名。

　　我常常和朋友或孩子分享時，我反倒很感謝那位同學的刺激，當時他的嘲笑，卻成為推我前進的動力，沒有他的嘲諷，可能我的英文成績就不會有優異的表現。因此，我堅信「信心、毅力、勇氣三者具備，則天下沒有做不成的事。」

## 己所欲，施於人

讀高商夜間部時，我清晰記得第一天到化工工廠上班做包裝員，同事們大家都在貼標籤，因為我負責的部分已完成，於是我主動幫忙其他同事，但是我不知道貼圓型標籤，還是有對照的方向。副班長發現我貼錯了，把我罵得狗血淋頭，當時覺得很委，我忍不住哭了。

十五歲的小女生，第一次出社會工作，第一天上班，被罵得不知如何是好，那時，有一位讀靜宜大學夜間部的姐姐，拍拍我的肩膀說：「沒關係，我們一起撕掉重貼就好了。」我受傷的心靈立刻得到撫慰，真的非常感謝那位姐姐。

下班回到家，媽媽問我：「工作還習慣嗎？」我不想讓媽媽擔心，只說：「很好」。

四十幾年過去了，談到工讀，心裡仍會想起曾經幫過我的姐姐，雖然早就沒有聯絡斷了音訊，但是，我還是很感謝她。每當看到打工的孩子，總會叫我想起當年工讀的時光。

時間過得真快，如今我累積了數十年的工作經驗，也當了主管，看到新進同仁不會的事情，我一定不厭其煩，盡力協助他們。子曰：「己所不欲，勿施於人。」不僅如此，我更要做到，「己所欲，施於人。」

## 學會在「對」的點認錯，才是上上策

記得進新光人壽上班第一天，我就交了新契約保費二十四萬。當時我知道進保險公司上班就是要招攬保險，所以我在公會考試後，等放榜、加上登錄的時間，大概要兩星期，這段期間我就找了我的兩位姪子，鼓勵他們存錢儲蓄，所以才能在第一天上班就帶著兩張支票要交業績。

因此，很快的我在上班一星期後，處長分配給我服務區，現在稱為「一畝田」，於是我開始了有服務區的客戶可以去拜訪服務。

早期的客戶續期保費大多數是派員收費，所以我們每個月都要到客戶的家裡收保費，拿到收費件也正式展開了我保險業務推展工作。我要向保戶收

費的單據有兩種，一種是保險費收據，另一種是貸款利息收據。

有一天，我去一個客戶的公司收費，我到公司的時候，看到客戶正在櫃檯內打電話，講完電話，這位老闆娘問我要做甚麼？我告訴她要收保費，她一直說她的保單滿期了，怎麼還要收保費？就在你一句「哪有保費？」我一句的「有三張保費」的一來一往沒交集的對話，最後我只好說，「是利息啊！」

糟糕，不得了⋯⋯

客戶一邊走出櫃檯，往她的辦公室走去，一邊數落著我是「廣播」台，讓她的員工知道她有保單貸款，我意識到，她覺得沒面子；當下我只能不停的說抱歉，我不能反駁她，要給客戶「面子」。

雖然被客戶當面指責，還是在她的員工面前，我心裡覺得很委屈，但是我還是抑制住自己的情緒，就是「認錯」，直說「對不起」，並跟著她走進辦公室，我拿到支票後，最後還是在我的抱歉聲中告退了。

走出客戶的公司，打開了車門坐進去，一時恍神不知車子要開往哪裡去，我毫無目的的開著車，情緒終於崩潰，忍不住眼淚一直流下來，覺得自己受盡委屈。

開始一連串後悔的聲音，我曾經也是財務經理、班主任，本來先生就沒贊成我到保險公司上班，今天又被客戶數落得這般狼狽樣……，明明是利息，我也沒說錯啊！

我的心情是五味雜陳，思緒是一團亂，車子開著開著，也不知車子繞了多久，一直到自己的情緒逐漸緩和下來，才回家。

晚上，吃飯的時候，我跟先生、小孩們說今天早上發生的事情，說著眼淚又不爭氣的落下來，心情也還沒平復；晚飯也沒吃完，就跟先生說要出去一下，先生不放心，想陪我出去，我還是堅持自己一個人出去走一走。

後來，我去買了台中知名的俊美鳳梨酥，準備隔天送去給客戶賠不是。

第二天客戶看到我送禮來，大概也覺得昨天她的反應有點過度，她客氣的對我說，不好意思讓我破費。

事情就這樣告一段落了。

我才上班不到一個月，就遇到重重的打擊，逃避並不能解決問題，遇到這樣的事情，雖然讓我感到委屈難過，回顧自己幾十年的工作資歷，碰到這一次的挫折，怎能輕易被擊敗。

君子如水，隨方就圓，無處不自在。人生最大的成就是從失敗中站起來。我調整好了自己的心情，最後沒有選擇離去，而是決定繼續走下去。

我要做孩子的好典範，人事的艱難與琢磨就是對我的一種考驗，我只有堅持到底，才能達到我設定的目標，獲得最終的勝利。

聖嚴法師的智慧法語：「遇到困擾問題的時候，逃避是沒有用的。唯有面對它、接受它、處理它，最後才能放下它。」

這即是一種積極正向思考的態度。

證嚴法師說過：「要在別人的錯誤中，找到自己的責任。」

當初我寄了通知單給她，應再與她電話確認收費時間，可能就不會發生這樣的事情了，我就是錯在沒有再次電話確認，是否收到通知單或收費日期。

從另一角度看，我當下也沒有錯，只是面對客戶無緣由的發脾氣，我毋須與之爭辯，何況我們見客戶時，代表的不只是個人，而是頂著公司的光環。

面對客戶的無理，我仍然勇敢向她賠不是，做到最起碼我應做好的本分事，是基本的對策，我知道維護公司的形象是我的職責，當時即使爭贏了，其實也是輸。

人常說，「贏了面子，輸了裡子」，就是這個道理。

在人生不同階段，不在乎自己曾遭遇的挫折，而是思考這些的經驗帶給自己什麼省思與力量？

不論遇到順境、逆境都是寶貴的經驗，經一事長一智，勇敢面對問題，做出決定妥善處理後，就不會再讓問題困擾自己了。

業務工作本來就是與人頻繁接觸的工作，說不定客戶前一刻正為了某件事煩心生氣，接著我們的出現，難免會碰到對方無俚頭的發脾氣。

我們若能抱持「忍一時，風平浪靜；退一步，海闊天空」的達觀態度，懂得在與人有衝突時，先收起自己的情緒，為他人著想，為大局著想。相信必能營造出和諧穩定的人際關係，同時也可以建立自己的品牌形象。

一個有智慧涵養的人，學會在「對」的時候認「錯」，更是上上之策。

## 成功就是優點的發揮

2004年我接任某補習班班主任一職，老闆跟我說補習班成立四年多每年虧損，希望我能協助班務經營並擴展業務。

任職後，我發現補習班經營虧損原因不外是，安親班招生不力、削價競爭、老師待遇差以致流動性大，國中班師資陣容待加強。我列出幾點改善計畫後，先從開源和節流著手：

**計畫 1 ➤➤** 降低固定成本。

安親班因為學生人數少，每個年級一班，約六至八個學生，對老闆來說，人事成本高是最大負擔，老師也只能領低底薪，當然流動性就大。

於是我開始逢缺不補，漸漸地將原來六個班，分低、中、高年級，以併班方式合併為三個班；當每班學生人數超過一定人數時，老師可領超額獎金，學生人數再增多一點，必要時可再擴班。

**計畫 2 ➤➤** 提升學生競爭力，創造口碑。

招生不力不能只靠削價搶學生，學生成績好壞是家長最重視的，也是最現實的問題，定期舉辦學生英文和數學能力會考，從中發現學生的不足，再予以補強；尤其國中學生更有升學壓力，選擇好的教材和優質師資陣容是重要關鍵。

**計畫 3 ➤➤** 增設多元課程增加業務收入。

增設多元課程如才藝班、全民英檢班、兒童美語班、還有暑假、寒假課程活動精心規劃，全面積極招生。

**計畫 4 ▶▶** 班級經營實施利潤中心制。

老師班級經營採利益共享，一分付出就有一分收穫，交付老師招生責任的同時，也補助並鼓勵老師要持續進修，增強教學能力。

**計畫 5 ▶▶** 舉辦家長說明會。

說明會讓家長知道新的教材課程、堅強的師資將協助學生提升競爭力，當然也要調整過去低價收費，新教材必需提高收費標準了，只要對學生有幫助，家長是肯花錢的。

硬體規劃好了，執行上也沒有問題，最重要的是學生肯受教，成績有進步，才是真正的成功。

我在學生的身上可是下了番功夫，用心經營學生，讓他們喜歡我、相信我，我也竭盡全力的輔導幫助他們，就像我們經營客戶的道理是一樣的。

過去補習班只獎勵學校考試成績前三名的學生，自從我接任後，除了在課務規劃上作了調整。在獎勵部分，前三名的學生仍可獲得獎勵。

另外我增設了一個獎項就是進步獎，以進步成績多寡為獎勵依據，進步分數越多者，可獲得的獎勵和補習費優惠相對提高，我還製作了大紅榜單，貼在補習班外面的公佈欄，它可是很好的廣告宣傳，還可以鼓勵學生，不斷激發他們的榮譽感，我鼓勵學生自己跟自己比，不和別的同學比較，只要他們有進步，那怕是只進步1分，都能得到珍珠奶茶的獎勵。

從平日的小考成績，一次比一次進步。段考到了，假日學生、老師沒休息，我也到補習班陪他們讀書，請他們吃便當，學生是卯足了勁認真讀書。

臨陣磨槍不亮也光，拿到成績單，我都很驚訝，有的學生甚至總分進步七、八十分，家長看到孩子成績突飛猛進，也都欣喜若狂。

儘管後段班學生成績大有進步，但仍不及前三名同學的成績表現。但是，我認為學生全力以赴的拚搏精神，讓我很感動，絕對值得肯定與獎勵的。除了紅榜單、榮譽表揚狀、獎學金外，還有當然炸雞、珍珠奶茶的魅力也不容忽視喔！

　　我和學生之間建立了良好的信任關係，他們很喜歡我這個班主任，學生成績進步了，家長當然放心把她的孩子交給我；即使偶有成績退步的時候，家長也不致於抱怨，我對學生、老師願意齊心努力的精神具有信心，招生業務當然不在話下了。

　　我和老師、學生通力合作並肩作戰，學生為了他們的成績努力，老師為他們的收入付出辛勞，我為補習班的經營拼業績，各司其職，我們共同創造一次又一次的成功經驗，我們相信自己，各為自己的目標努力不懈，最終獲得成功。

　　我到補習班第一年損益即由虧轉盈，三年後我因個人學習計畫的因素離開了補習班。

　　我將學生學習資料、講義、活動檔案、各種分析統計表單、老師聘用標準及學習計畫、補習班班務經營規章制度等都記錄下來，把這些知識留存建檔，也可說是一個可複製的標準化流程。

　　在我離職前，我把這些資料全部贈與前來和我辦理交接的幼稚園部的園長，他驚訝地說：「經營幼稚園十五年了，主任都一直無法建構的制度，而

我卻可以給他補習班班務如此完整的資料,他很感動。」雖然一再的慰留,我有自己的理想規劃,我婉拒了他。

我的處事態度是,過程的用心,就是理想的實現,即使剛開始對工作是陌生的,但確信,凡事全力以赴,做甚麼就要像甚麼,「盡多少本分,就得多少本事」。

只要每件事用心規劃,更重要的是「付諸行動」才是成功不二法門。

我從十六歲開始半工半讀,白天認真工作,晚上學習未曾間斷。我將所學的財務、稅務、管理等專業知識,運用在工作上發揮得宜,我珍惜每一個小小成功的經驗,肯定自己的價值,不斷的複製自己的成功經驗。

因為相信,「成功就是優點的發揮」。

## 只看我所擁有的，不看我沒有的

超級業務不會以業績好壞來論斷自己，他們就像是一顆會自我發光的恆星，內心充滿著強大的能量，和堅定的信心。他們明白，即使是職場上豐富經驗的常勝軍，有時候也難免遇到銷售低潮，但這些短暫的挫折是不足以擊垮他們。

超級業務知道如何靜待時機，養精蓄銳，準備好下一波挑戰。他們相信只要為自己的人生負責，堅持不懈的努力，就能夠取得成功。

有句話說得好：「蹲下來是為了讓自己跳得更高。」

這句話的意思是，面對困難時，我們應該靈活應對，學會蹲下來，思考和準備，以便未來在更高的位置跳躍。有勇氣跨過低潮期，再回過頭看，都只是一個成長的過程。

因此，我們不該因為一時的挫折而氣餒，也不要因為看到同事成功而覺得自己挫敗。業務生涯中的困難和挑戰都是成長的一部分，只要勇敢的跨越低谷，最終都會成為成功的故事。

我分享一個令我很感動的故事：

黃美廉博士於1992年取得美國加州州立大學藝術博士學位，1993年榮獲全國十大傑出青年、2010年又獲全球熱愛生命獎章得主。她的作品曾在台灣、美國、東南亞等地舉辦多次個人畫展。

她在出生沒多久就被醫生診斷罹患了腦性麻痺，她口不能言，面部、手腳肌肉嚴重扭曲不協調，曾被醫生判定活不過六歲，她靠著父母的關愛和自己的努力學習，經過重重困難，一直到升上二年級才學會握筆。

二年級是黃美廉博士人生重要的轉捩點，有一次，一位代課老師無意中發現她很有美術的天份，鼓勵她開始學習畫畫，如今真的成為一位很棒的畫家。

她無法言語，想要表達的想法，只能用粉筆在黑板上重重地寫下字。

有一次演講，一個學生問，「請問黃博士，妳從小就長成這個樣子，妳怎麼看妳自己？」

　　黃博士看著同學，然後嫣然一笑，又回過頭去，在黑板上龍飛鳳舞地寫了起來：

一、我好可愛！

二、我的腿很長很美！

三、爸爸媽媽這麼愛我！

四、上帝這麼愛我！

五、我會畫畫！我會寫稿！

六、我有一隻可愛的貓！

七、我還有……

　　她再回過頭去，在黑板上寫下了她的結論：

　　「我只看我所擁有的，不看我所沒有的。」

　　忽然，教室裡響起了雷鳴般的掌聲，只見博士傾斜著身子站在臺上，臉上露出滿足的笑容。

　　路是人走出來的，誠如黃美廉博士說的，「我只看我所有的，不看我所沒有的。」

　　她沒有被那些外在的痛苦所擊敗，而是克服了難以想像的困難，她的父母和家人是她力量的來源。有他們的支持，讓她能堅強面對生活。

　　黃美廉博士用自己的生命見證了這一切，藉著演講鼓勵著人們，儘管她身患腦性麻痺，但她卻能擁有今天的成就。

　　她肯定自己，並將豐富的感情融入自己的藝術創作，展現了不屈不撓勇敢的精神，令人嘆為觀止。只要我們願意，也可以學習黃博士，熱愛生命，保持鬥志，積極正向面對每一個挑戰，認真活在每一個當下。

　　看到這裡，你有關注到自己擁有的才華能力嗎？不要再想著你做不到、得不到的；天生我材必有用，不要再抱怨了，複製別人成功的經驗，更容易達成目標，找到你可學習的榜樣，趕快動起來，做你能做的，全力以赴，做就對了。

　　相信每一個人都能夠在生命的旅程中，活出屬於自己生命的色彩。

## 不被客戶問倒

剛入行時，儘管過去我有多年的工作資歷，但是隔行如隔山，為了豐富自己的專業知識，以及了解商品，我努力蒐集公司舊有商品主約及附約的博覽，讓自己在七天內將停賣的重點商品博覽彙整齊全，並熟悉商品特性。我每天工作到晚上兩、三點，為的是我要做到，「不被客戶問倒」。

我每天不停的學習，去客戶家之前，一定熟記客戶的保單內容及保障。

有一次，我現在也不記得是哪一位客戶了，在第一次見面時，他問我：「你做多久了？」我說：「你猜猜看」，客戶說：「應該有十幾年⋯⋯。」我笑著回答他：「我會做到退休。」

當下，我心中非常感謝客戶，他給了我一劑強心針，給我很大的信心，也證實我堅持做到「不被客戶問倒」而所做的努力學習，獲得了肯定。

因為我可以即刻回應他的問題，對客戶的保單詳細解說，他沒問到的，我還會反問他，客戶不太了解的，我會進一步說明，讓他能很清楚知道自己的保

障。客戶很滿意的對我說：「以前都沒有人對他的保單解說得這麼詳細。」

為了提升客戶的信任感，和提供更好的售後服務，舉凡有保險業務相關進修課程或演講，我一定積極參與。我深信，專業知識只是基本的能力，而真正的差異化服務來自於業務力的提升，我要以更好的服務滿足客戶的需求，才能贏得客戶信任與肯定。

我深知，不論身處哪個行業，每天的工作幾乎都是重複的，日復一日。然而，透過不斷的學習和成長，我們才能在這重複的工作中找到不同之處，發現機會，提供更優質的服務，博得客戶的信任與支持。

有句話說，「簡單的事重複做，就會是專家；重複的事情用心做，就會是贏家。」

以前我會用1.01 VS. 0.99法則，鼓勵學生：

1.01365=37.8，每天都比前一天進步0.01，一年後實力成長37倍。

0.99365=0.03，每天都偷懶0.01，一年後你的實力只剩下0.03，你的1就將近乎0。

如果原地踏步，一年後1還是1。

所以不要小看這0.01的努力，持之以恆，驀然回首，你就會發現自己又前進了一大步了。

「不進則退」，在資訊日新月異的時代，如果一直是一成不變的思維，沒有進步就是退步了。

不要小看每天小小的進步，時間是可以成就一切的。

剛開始學習專業技能時，我對每一場的演講、每一堂課都抱持認真學習的態度，我還會每天晚上固定安排至少兩小時的時間，自修專業領域的知識。這些點滴累積的努力，是我不斷進步的成長基石。

為了「不被客戶問倒」，只有每天不間斷的學習，持續進行拜訪，累積客戶拜訪量，不但可以增進與客戶的信任關係，更了解客戶的需求，同時也可以精進自己的表達能力，提升自己的業務力創造佳績。

## 行動，是最好的強心劑

精神醫學專家佛蘭克Frankl博士，是一位精神官能學及精神分析學教授，以創作「意義治療法」世界聞名。

在二次大戰期間，德國人對猶太人的種族滅絕，就這樣他們全家被俘虜，關在集中營。他親眼目睹他的全家人從防空洞中被強行拉出進入毒氣室，最後在集中營裡死去。

在親身體驗與觀察中，佛蘭克博士體會出人類精神力量的可貴，以及生命意義對人的影響。

他特別喜歡引用尼采的一句話：
「懂得『為何』而活的人，差不多『任何』痛苦都能忍受得住。」

他主張存在主義：「活著便是受苦，要活下去，便要由痛苦中找出意義。」

在保險業務的職場上，雖沒有生死交戰這般痛苦，但是，曾經我也經歷過挑戰人性的困難、挫折與無奈，讓我看遍人情冷暖，其箇中滋味如人飲水、冷暖自知。

幾次，我想要放棄這份工作，只因為自己不是一個半途而廢的個性；心情不好就看書，從書中找到寧靜，讓心情沉澱下來，冷靜思考，心定而智慧生，智慧不起煩惱。

我要做一個有智慧的人，挫折不是創傷，不是挫敗，而是一種人生的體驗。抱持積極、正向思考的態度，幾度幫我從谷底站起來，繼續堅持嚴謹的工作習慣，持續走在對的軌道上。

何況我曾經告訴過客戶，我會做到退休，我又怎能輕易放棄呢？

我應該專注在該做的事，善用時間、掌握自己努力的方向，堅持到底。

我的成就雖沒有頂尖業務員般的出類拔萃，但我相信，今天客戶之所以信任我、肯定我，是因為我的真誠，和專業的服務。

為了實現時間自由，與財富自由的目標，我深信就必須有極大的毅力和勇氣，堅持積極正向的工作態度，並能夠面對內在心靈和外在人、事、物的挑戰。

　　在工作低潮時，我們應該學會擺脫負面情緒，不要失去行動力，難行能行，難為能為，才能昇華自我的人格。

　　平時如何養成正向思考的習慣也很重要，告訴自己，人生不如意十之八九，但下一次我一定可以做得更好，保持自己的信心，同時我們不該過度理想化，當面對失敗時，要勇敢面對並加以檢討與改進，然後重拾信心，調整策略後再次出發，持有正向的思維的人更容易取得成功。

　　行動，就是最好的強心劑。

　　證嚴法師說：「站在半路，比走到目標更辛苦。」

　　只要有足夠的決心與行動力，老天都會給你反敗為勝的機會。

　　平常心看待業績，只要全力以赴，一步一腳印，不斷的拜訪客戶、學習、按表操課，照既定的目標努力執行，邊做邊調整，就能享受工作的成就感，得到客戶的肯定，創造收入。

# 特質三、信心

## 信念是對行動的堅持

「信心」和「信念」缺一不可。信念是對行動的堅持，信心來自於對信念的堅持。很多人沒有信心，是因為沒有訓練、培養出屬於自己的核心信念，自然就不用談有任何信心了。

英國知名作家塞繆爾・巴特勒（Samuel Butler），他說過一句話：「信念，你拿他沒辦法，但是沒有它，你甚麼也做不成。」

流通業的教父徐重仁，他認為：
「真心看待自己的內心，清楚自己做一件事的出發點、原意是什麼，即使遇到困難或不如意的事，只要堅持自己的『信念』，繁花一定會盛開。」

他說：「如果出發點是良善的，就要貫徹始終、堅持到底，別讓任何事動搖你的初衷。」

我們的前副總經理黃俊文也鼓勵我們：「用初來的心，走長遠的路」。工作低潮時，重拾初心，找回自己的原動力，接受挑戰，堅持到底。

有念則花開，抱持著強大的堅定的決心，最終一定能夠成功。

## 有信心，就敢於超越

李小龍在電影上打得精采，因為他每天練功夫至少六小時。他說過：「我不懼怕對手識一萬種腿法，但懼怕對手只懂一種腿法，而練了一萬次。」

信心，就是相信自己。
如果連你都不相信自己，誰會相信你？
也就是相信自己的願望能實現。

如李小龍說的：「這個世界何來最強的武術？這個世界只有最強的武者。」

超級業務員對自己的能力有信心，抱持積極樂觀的工作態度面對挑戰，凡事找方法而不是找理由，因而更容易成功。

相反的，如果業務員對自己信心不足，不妨學習李小龍的精神，每天練功夫至少六小時，來增強自己的信心。

業務員的練習場就在客戶的家，堅持勤拜訪客戶，一定能為自己帶來成就感和信心；另外也可以藉由「他人給與」，來增強信心達成設定目標，「他人給與」這裡要談的是，借力使力。

「借力、使力」是甚麼？可以說是工具、籌碼、助劑、資源、人脈、策略等。例如，你要上戰場，雖然你的功夫了得，教你赤手空拳去應戰，你的勝算又有多少？

如果給你荷槍實彈和縝密的戰略計畫，你是不是更有信心征戰成功呢。

每當百貨公司在周年慶、節慶日，都會有促銷活動，有滿額折扣、或贈品，或加購特惠商品等，都可以帶動人潮，幫助業務員提升銷售業績。

公司每年都有兩次的保險競賽月時，各營業區部會舉辦期前訓練活動、教育訓練課程，提昇業務員的專業力與業務力，提升業務員的競爭力，期盼我們能在競賽月大放異彩。

另外還會舉辦商品說明會、財經專題講座，邀請保戶參加聯誼活動，還會提供多元的獎勵等，這些都是在強化我們的籌碼，當我們擁有這麼多的資源，信心油然而生，就有勝券在握的希望，當然更有力量敢勇於超越，挑戰自我，創造佳績。

## 準備好，自然有自信

全聯總裁徐重仁認為，人會焦慮不安，很大一個因素是因為害怕。因為沒有準備好，所以會心虛、沒自信。如果你對一件事有深度的了解，自然可以應對得體，信心也就出來了。

有一次，我們的區部舉辦商品的話術比賽，當我知道我要代表單位參加，從那天晚上開始，我坐在電腦前面，就是開啟檔案夾找尋相關資料，腦子裡閃過，那麼多的重點，十五分鐘怎麼講得完？要說甚麼呢？

　　我開始將商品的特色、功能逐一列出，再寫出目標客戶的反對話術，同時找出稅務相關等數據佐證。

　　我想著，講稿內容必須容易理解、好記、好背，最好一聽就能朗朗上口，讓與會者能印象深刻；詮釋重點時還不能太過嚴肅，要活潑生動，為了要準確吸引觀眾專心聆聽，需要準備的資料，開始由很多的面向慢慢聚焦。

　　比賽前，我一有空就坐到電腦前面，一天大概花六至七小時都在做簡報，每天晚上都忙到一、兩點，為了把相關資料要擠進同一頁面，不知是我的功力太差了，還是太吹毛求疵，有一頁的PPT製作，就花了我了三小時的時間。

　　好不容易完成了簡報，為了掌控時間，我開始寫逐字稿，然後一次又一次的練習，從準備資料、做簡報、寫逐字稿、演練，我整整花了七天七夜的時間，就為了十五分鐘的話術比賽。

後來因為新冠疫情的關係，比賽時間再縮短為十分鐘，當天簡報的內容自然是更精簡了。

為了維護我個人的品牌形象，講稿內容一定要言之有物，要有說服力，我卯足了勁，做充份的準備與練習，覺得壓力很大，但絕不是為了得名，而是我的品牌形象。

一直以來，我堅持一個信念，做好本份事，全力以赴，過程認真，結果就隨緣了。

比賽當天，我很滿意自己的表現。十分鐘話術比賽，表現從容、自信、不疾不徐、言簡意賅，結果我拿到第一名。

當一個人的內心告訴自己「我願意」的時候，動能就產生了，你就有機會脫胎換骨。

有句話說，「找到路，就不怕路遙遠。」

套句尼采的話：「有強烈決心的人，將無所不能。」態度，決定一切，成功沒有捷徑。

每天不間斷，有規律地厚實自己的知識，通過學習，再內化為自己的能力，如此反覆練習，慢慢將「想法」轉變成「信念」。

觀念決定態度，態度決定行為。

你對人生的觀念和態度，皆來自你的內心。任何事都是從一個決心開始，不論做甚麼工作，積極想要成功的決心，將引領您大步邁向成功之路。

# 特質四、同理心

## 站在客戶立場著想，提供真誠服務

保險是以人為本的工作，與客戶相處互動是保險業務人員工作中相當重要的一環。除了須具備專業知識，協助解決客戶的擔憂外，與客戶面對面溝通互動，才能確切掌握客戶真實需求與感受。

我踏入保險業雖然只有十八年，服務的客戶很多都是十年以上的交情，家庭成員甚至第三代都出生了。

這些客戶所購買的保單往往總量都多達數十份，而不同階段或不同成員的需求也不盡相同，但是要能牢牢抓住客戶的心，本著同理心、真誠服務客戶，為我個人的品牌形象，不僅如此，我的專業服務更是深受客戶肯定。

工作之餘，我也參加慈善工作，訪視、濟貧、醫療志工等，我們能夠為需要幫助的人付出心力，儘管不認識，我們做得很歡喜，本著無緣大慈，同體大悲的胸懷，服務需要關懷的人；更何況我們的保戶，或是我們身邊的家人或朋友，當然更要把握因緣，廣結善緣。

佛說：「未成佛先結好人緣。」

　　一位客戶的女兒，在一場小車禍中雖未與對方擦撞，雙方都嚇到了，對方一直在指責我客戶的不是，當下她想莎涵阿姨說過，萬一發生車禍一定要先報警，於是當她拿起手機正準備報警時，對方一記耳光打過來，就揚長而去。小女生被打了耳光後哭著回家了。客戶打電話告訴我這件事後，我馬上趕到客戶家，帶著紅包給女兒壓驚，看客戶的心情漸漸和緩下來，能及時給予他們支持，客戶也感受到我真誠地關心。

　　有一位客戶72歲，多次為了他慢性病服藥的問題，拿著藥袋找我詢問，每一次我總是慢慢地向客戶說明，還把需要注意的事項一一寫在紙條上，他明白心安了，我也安心了。能在客戶需要幫助的時候及時付出，讓我感到一種喜悅與幸福感。

　　一位客戶69歲，打電話給我說她要償還保單貸款，我查了電腦，告訴她本金加利息應償還的金額，她告訴我兒子白天工作，她自己去郵局匯款不知道要如何寫匯款單，於是我到客戶家幫他把匯款單寫好，再陪她到郵局匯款順利完成。

隔天我印了一張償還貸款的明細單，貸款餘額為零，表示已無貸款，讓客戶安心。

我不過是多跑了兩趟客戶家，讓客戶感激又讚嘆我的服務好，讓我都覺得多不好意思，對客戶只是舉手之勞的事情，客戶都能感到滿滿的歡喜與感激，我的心情也跟著開心起來了。

還有一位客戶為兩個兒子買過保單後，幾年後夫妻倆退休了，就沒有多餘的預算可以再買保單。兒子畢業後開始工作，有一次在公司工作受傷要申請意外理賠，因為兒子平日工作到很晚才回家，客戶希望我白天直接到公司幫他兒子辦理賠。

他的公司在后里，客戶要申請理賠，我親自跑一趟為他解說幫他辦理，來回路程加上辦理時間我共花了四個小時，聽起來好像很沒有效益，服務就是如此，在客戶需要你的時候，能歡喜的即時付出，為客戶的需求提供滿意的服務，這也是本分事。

曾經有一位客戶，我要送滿期生存金給客戶的約定帳號，白天找不到，改晚上去，或利用假日去，我在不同時間早、中、晚去客戶家，去了三、四趟，都只見屋子裡面亮著燈，電話、電鈴都沒人回應，留紙條也沒人回我電話，好奇怪啊！

我努力地希望在給付日前找到他們，於是我不管是不是會吵到他們，連半夜十二點、早上六點都打電話，家裡電話還是沒人接，手機也沒接，就是沒找到人，都準備要放棄了。

突然一個晚上，客戶打電話給我：原來客戶在名間閉關精進，家裡先生小孩晚歸，見我多次留了信才告訴她，終於六筆滿期生存金大約兩百多萬，順利的辦好約定帳號，客戶也可以如期領到生存金了。客戶很感激我，並肯定我認真的工作態度，還專程泡了有機紅茶請我喝呢！我的真誠付出客戶感受到了，能夠及時送達兩百多萬的生存保險金，我也感覺到助人真快樂。

2020年受新冠肺炎疫情影響，全球經濟緊縮，很多公司營業額下降，政府為了因應大環境提供紓困補助和貸款補助。

但多數客戶並不瞭解紓困補助和貸款細節內容，在與客戶閒聊中我會提供他們相關訊息，並為他們解說，還會協助他們申請營運金補助，補助金30萬、50萬、80萬不等，客戶都很感謝我，肯定我的差異性價值服務。

客戶的服務不勝枚舉，因為有福，所以能付出。多一分人事歷練，就多增長一分智慧，其實自己才是最大的受益者。

　　有一位客戶的兒子九歲罹患急性白血病，幾番病魔的摧殘，已不成人形，都叫人看了不捨。後來由姐姐配對可以抽骨髓救助弟弟，一度叫人興奮，病情有轉機，半年後，仍敵不過病魔，再度復發，自發病到離開，不到兩年的時間；這段時間客戶的先生也因肺氣腫住院治療，客戶傷心欲絕，對自己的處境絕望，幾度的想自殺。

　　我一路陪伴她，三年的時間過去了，她也漸漸能釋懷，未料卻發現她自己的腦部也長了惡性腫瘤……。人痛我悲，我不禁要問老天為何這般對待她？

　　我可以感受到客戶心裡的苦與無奈啊！有空我就會去看看她，陪她說說話，有時也協助她申請理賠，六年間，理賠金也有將近五百萬，幸好有保險，才能支撐她和她的家庭繼續活下去，也讓我深深的體會到保險助人為本的真諦。

　　保險的核心價值就是「愛與責任」，保險對一個人、對一個家庭的影響太大了，每一次的理賠服務，就是再一次的印證這正是保險具有保障的價值所在，而這樣的信念更讓我堅信保險就是守護愛與責任的體現。

# 特質五、用心傾聽

## 「聽」比「說」更重要

要提升與客戶溝通和服務水平，「用心傾聽」是非常重要。無論我們與誰對話，都是在進行溝通，而真誠的溝通是需要用心聆聽對方的內心真實想法。

過程中，還需要注意觀察對方的表情和言語，並在適當的時機斷句，盡量不要打斷客戶的談話。透過細心體會能更深入了解客戶的需求與擔憂，讓我們的服務更加貼心與精準。

超級業務員懂得尊重客戶，不僅在溝通中積極表達對客戶的理解和同情，還要主動確認客戶的想法和情緒，進而幫助客戶解決問題。

## 「真正」主動聆聽

透過真正的主動聆聽和展現同理心，我們能夠與客戶建立更加和諧的關係，增進彼此之間的信任感和滿意度。

在保險業務中，尤其在辦理理賠案件時，對待客戶的情緒和困難，需要發揮同理心和耐心。

面對客戶抱怨和情緒低落時，我們應該避免輕率的話語，而是用心傾聽，給予客戶情感上的支持和安慰。

想要安慰客戶，「你不要想太多」、「事情沒那麼嚴重，別這麼難過」等都是不洽當的說法。同時，不應在客戶情緒低落時，趁機推銷商品，這樣會讓客戶感到不舒服和被忽視。

總之，建立良好的溝通和服務關係，需要我們不斷提升自己的用心傾聽能力和同理心，真誠的理解客戶的需求，以此為基礎，才能滿足客戶的期待，並建立長期的合作關係。

## 同理心，真誠的溝通需要練習

在業務工作中，要能夠站在客戶的立場思考。不僅僅是關注成交新契約，更要關心客戶真正的需求，為客戶量身訂做符合客戶的保險商品。

即使與客戶熟悉，我們應保持適當的禮貌和溝通方式，特別要在意我們和客戶溝通時不要過於冒昧，而我們卻不自覺，這樣會影響客戶對業務員的觀感。

在溝通過程中，我們應該善於觀察客戶非語言的表達，及時給予適當的關懷和支持。有時客戶可能不方便直接表達自己的需求或感受，這時候我們就要依靠敏銳的觀察力和同理心，婉轉的再次與客戶確認我們的想法，讓服務進行的更加貼切。

成功的業務員不僅要善於傾聽客戶的聲音，還要懂得提問，以深入了解客戶真正的需求。同時，我們應該尊重客戶，不插話，保持真誠的態度，這樣才能建立良好的人際關係，贏得客戶的信任與支持。

總之，用心傾聽，真誠對待客戶，是提升業務水平和建立良好人際關係的關鍵，透過不斷練習與反思，我們可以不斷提升自己的溝通能力和同理心，滿足客戶的需求，實現雙贏。

# 特質六、值得信賴

## 信賴＝信任＋依賴

保險是一種無形商品，看不到，摸不到，就是憑一支筆、一張紙，就可以簽下幾萬塊，甚至於幾百萬、幾千萬的新契約，為什麼可以做到呢？

基礎就是回到「信任」，客戶除了相信政府，相信公司，最關鍵的是，客戶對業務員的信賴。

如何才能博得客戶的信賴呢？與客戶建立信任、依賴的關係建立並非一朝一夕，而是長時間和客戶真誠的互動培養，且業務員本身還須具備專業、熱情、服務的敬業精神，讓客戶認同與肯定，進而願意託付您，為他做財富管理。

## 化解疑問與擔憂

從事保險工作這麼多年，我始終以專業服務、廣結善緣的心態服務客戶。不論客戶的分級，在專業的領域，我一定知無不言，言無不盡。

有一次客戶打電話來詢問：

「我的駕照被吊扣24個月，強制險和任意險需要投保嗎？」

「我女兒說，不用保，她才考完駕照，記得是這樣啦！」

客戶不放心，還是打電話來問我。

我告訴他：「被吊扣駕照，視同無照。」

當無駕照的人，騎乘了有投保強制險的機車發生事故，造成他人受傷或身故時，基於保障受害人的目的，強制險是會啟動理賠的，受害者家屬可向保險公司申請理賠。但產險公司理賠過後，會向被保險人也就是車主「代位求償」，也就是申請索賠。

除了無照肇事產險公司會啟動代位求償，另外像是酒駕肇事、故意行為、從事犯罪行為等，產險公司一樣會理賠給受害人，但之後再向車主索賠。

　　但是如果車主的機車有投保強制險、第三人責任險或是車體損失險等險種，基本上無照駕駛、酒駕或是犯罪行為，全被產險公司視為除外不理賠的項目，保險公司也不用代位求償，相關損失必須全由車主自行負擔。

　　但是，如果有駕照的人，不論機車是否為車主本人，只要騎乘了有投保強制險、駕駛人傷害險或第三責任險的機車，發生事故造成自己或他人受傷或身故時，保險是會啟動理賠的。因為按規定至少每一台機車或汽車強制險都應強制投保。

　　客戶明白了，安心了！這個案例，即便客戶的女兒說了，可是客戶還是要再度向我確認才能安心，被需要的感覺真好。

　　只要是客戶求教於我的問題，不論車險或壽險理賠，還有稅務相關，只要我知道的，我一定不厭其煩詳細說明。

　　對我來說，每一位客戶的立足點都是平等的，儘管每一位客戶的價值皆不盡相同，但是每一客戶的一通電話，代表著客戶對我的肯定與認同，我一定盡力協助解除她心裡的疑問。

　　有一位客戶六十幾歲，因疑似白血病，醫生要做進一步抽骨髓檢查，在談話中，我可以感受到客戶心裡的擔心害怕，她的孩子平日又要上班，她也捨不得讓孩子請假陪她去醫院；雖然她沒有提出希望我陪她去，但是，我主動提出我可以陪同她到醫院做檢查。每次到醫院就醫看診，大都要耗費5小時以上，客戶很感激我的陪伴與關懷，我也感恩有機會能與他多結一份善緣。

　　還有一位客戶的兒子，不知自己買了盜版光碟，影片看完後在網路上販賣，結果被控告違反智慧財產權；當他收到法院的傳票時，客戶很緊張打電話給我，問我該怎麼辦？

　　我向我的法官朋友請教過後，大概將法院會進行的程序及我們應該如何應對，說明給客戶聽。客戶希望我能陪伴，從開偵查庭到與對方和解結案，進出法院共三次，我都全程陪伴，直到拿到判決書，我和客戶心裡的石頭終於可以放下如釋重負。

　　因為客戶對我的信賴，所以第一時間他想到找我求救，我也只是略盡棉薄之力盡心陪伴，客戶很感謝我，並且迫不急待地想與別人推介我，幫我做轉介紹，還在他的朋友間宣傳我的專業內涵與用心。

## 拋棄繼承的課題

「拋棄繼承」幾乎是很多人都將面臨到的課題,「繼承」是人生中必定會遇到的人生環節,在法律上只要有親人,就可能會面臨到繼承問題。但血親因為牽扯的人數比較多,順位就必須要照血緣上的親疏進行排序,大多數繼承人因擔心被繼承人有債務,通常會決定使用拋棄繼承。

當客戶知道親人身故有繼承問題,或接到前一個順位繼承人已辦理拋棄繼承的通知時,都會打電話問我,該怎麼辦?

在民法繼承篇遺產繼承人,除配偶外,依左列順序定之:

一、直系血親卑親屬。　　二、父母。
三、兄弟姊妹。　　　　　四、祖父母。

有關繼承、贈與的專業知識與實務我也是做中學,稅法常常修訂,我的學習也要跟著改版不斷更新,每每我幫客戶完成遺產稅與贈與稅申報,客戶總會叮囑他的子女,以後遺產稅務相關,你們就找莎涵阿姨就對了。

　　後續我也幫他們透過保單做了遺贈稅的規劃，很感恩客戶對我的信賴與肯定，這股力量就是推著我一直往前進步的原動力。

## 法律是保障知道權利的人

　　勞工保險條例第三十條規定：「領取保險給付之請求權，自得請領之日起，因兩年（101年12月21日修正為五年）間不行使而消滅。」

　　有一次與客戶談話中，不經意談到他洗腎後，公司就交由兒子管理。我再進一步詢問變更公司負責人與退出勞保的時間點，發現他開始洗腎時還是公司負責人身份，客戶不知道申請時效改為五年，以為超過兩年不能申請了。

　　因為還不到五年，客戶的狀態為兩側腎臟機能障害且須終身定期透析治療，已達七級失能，可申請四百四十日的失能給付；我趕緊請客戶準備申請資料後送件，不到半個月的時間，保險給付五十幾萬申請下來了。客戶非常開心，很感謝我。

我告訴他，法律是保障知道權利的人。

我自己也很高興，有客戶的信任與肯定，我擁有的專業技能才得以處處發揮良能，處處與人結好緣。

權利是給知道法律的人。

為客戶提供合法節稅，我一直很受客戶的肯定。客戶因不懂稅務，常常請教我公司營利事業所得稅的相關業務，我的確也幫他們省了不少稅負，很高興我有這稅務專長可以發揮良能幫助他們。

曾經有一位客戶因公司經營失敗，不得已決定公司要結束營業，他多次與我討論後續稅務與清算程序的問題，其實客戶也有他的會計師、朋友可詢問，但是我與客戶間，除了我的專業素養，還多了一層朋友交情和信任。

我以同理心待人，站在客戶的角度思考，當然，在客戶需要的時候能及時給予協助，陪伴他們走過辛酸歲月，也鼓勵客戶能東山再起；多年後客戶的孩子長大了，也出社會工作，現在已都是我的鐵粉客戶。

　　成為客戶的好朋友，做客戶最佳的後盾，不僅可以在服務客戶中找到自己存在的價值，也是鼓勵自己繼續學習的原動力，自己得以成長，又能幫助更多客戶，獲得好評，相信這樣善的循環會一直持續下去。

　　以上歸納的六種業務員共通的特質，你會發現頂尖業務人員除了擁有積極正向的人格特質，內在品德的修煉，遠比外在言行更具有說服力，有真誠的心做後盾，更經得起時間的考驗。

　　在自己未來壽險職涯的路上，你可以有很多的目標可以選擇，但不論到達哪一個位階，始終抱持以人為本的精神，為客戶真誠服務，守紀律的工作習慣，持之以恆，經得起市場的磨練，必能博得客戶的肯定讚許，終將邁向頂尖之路。

# 客戶關係
# 經營管理

篇章

根據美國史丹佛研究中心調查發現：

「一個人一生所賺得的錢，僅有12.5%來自知識，其餘高達87.5%來自人際溝通和表達力。」

客戶關係經營，在保險業裡，人際溝通和表達力是業務員首要具備的能力。同時還要尋找契機與客戶建立良好的信任關係，如此才有機會將你的專業知識、價值服務推銷給你的客戶。

　　想要擁有更好的業績表現，顧客關係管理是否做的完善與日後業績好壞息息相關。你能和客戶維持良好關係，客戶喜歡找你服務，你就需要掌握客戶確切的資訊，你才能讓客戶滿意，也會因為你的專業、服務好，願意再幫你介紹新客戶。

　　業務員除了要不斷充實專業領域的知識，也要善用資訊的功能來輔助自己的業務。早期業務員手中客戶的資料可能都是靠記憶、或手稿筆記。

　　如今電腦資訊日新月異，過去的觀念和工作經驗應該調整改變，嘗試運用資訊科技的功能，有效地使用電腦進行客戶資料的管理，是客戶關係經營的首要課題。

　　因此，建構一套屬於自己客戶分級的資料管理檔案，是刻不容緩的課題。分層管理客戶，隨時更新紀錄，才不會因為檔案沒記載清楚，常常在填寫新契約時錯誤百出，不斷的補辦、補證；紀錄完整的客戶資訊，才可以幫助自己事半功倍、提高工作效率。

# 客戶資料管理與客戶分級

　　首先就是客戶的資料管理，目的在紀錄、掌握客戶資料的完整性，而且要隨時更新。

　　其次是依客戶資料分級，以利進行後續的服務與經營，做好資料管理，時間上更能有效運用而發揮加乘的效用。

　　設定目標客戶分級與資料整理，是銷售之前相當重要且關鍵的一個步驟。與客戶接觸瞭解過後，就必須隨時更新記錄，如果沒有確實更新到最新資訊，有時候和客戶的談話容易出現問重複的問題而造成窘境。

　　我們平時不論從客戶端或公司或上課時拿到的資料非常多，如果這些不同種類的資料，未經分類就通通往抽屜裡放，當需要用到的時候，可能翻箱倒櫃也找不到，就因為沒有資料分類的習慣，如此即便當初認為很重要的文件，皆會失去了意義與價值。

　　儲存於電腦裡的資料也是一樣，需要建立不同的檔案夾，將資料予以分類、歸納、彙整，當要查詢時，只要按分類索引就能快速查到資料時，這樣才可以達到事半功倍的效果。

　　還有，我們接觸的客戶數也會隨著工作時間越長，需要建檔的資料會越多，這些日益增加的資料更需要進行維護，所以只要手邊有資料，養成習慣隨時做好分類歸檔，不論是電腦檔案或紙本資料，就可隨時取得正確資訊，提高工作效率。

　　資料管理系統，可以幫助我們清楚分析客戶資料，進而能提供給客戶財務規劃的參考建議。

　　另外，還可以幫助我們在開發新客戶的同時，還能記住老客戶，因為客戶是我們永續經營的決定者。

　　因此，資料整理要有系統，如果只用流水帳的方式記錄，時間久了當業務量增加，我們的記憶總是有限，很容易記錯，常常找不到資料，容易造成客戶觀感不佳、失去信任的情形發生。

　　我們公司的電腦商機系統，可以將客戶的資料透過大數據分析，把客戶價值分為既成價值、潛在價值，還能夠分析不同客戶對商品偏好，以適當的方式及完整的架構，協助業務人員在業務上推展。

　　光是依賴公司給予客戶的商機管理系統是不夠的，自己沒做紀錄，哪天調整服務路線，資料就看不到了。

　　還有業務人員需要與客戶常見面接觸，才能確切了解客戶的需求、價值觀、興趣、個性、喜好、家庭成員相關資訊更新等，這些都需要逐一做個別記錄。

　　另外，還要將每次拜訪客戶的內容，重點式的記錄下來，每次在拜訪客戶之前，一定要翻閱客戶檔案看一下並熟記他。

　　例如：我的客戶曾告訴我，他的大兒子在哪一天要參加律師考試，還有放榜日期，我把這訊息記載行事曆，等到放榜日期到了，就打電話關心，客戶告訴我兒子通過了考試，隔天我就帶禮物前往祝賀。

　　如果你沒記住，某一天與客戶再見面的時候，你突然想到這件事，還在問：甚麼時候考試、何時放榜，你說，客戶會怎麼想呢？一旦讓客戶覺得你漫不經心，你又如何做好業務呢？

　　因此，業務員建置屬於自己的客戶資料管理檔案，是事業成功重要的關鍵之一。

說話是每個人一生必修的課題，說清楚、講明白很重要，能夠言之成理必有加乘的效果，還能夠讓客戶留下深刻的印象，進而成為忠誠客戶。

## 目標客戶分級與服務

客戶資料檔案彙整及分類後，再針對不同的客戶分級，分配投入的資源、時間，進行業務推展，期能在與客戶的每一個接觸點上都更加貼近客戶。

瞭解客戶、適時的關懷客戶與協助服務，客戶能感受到你的用心，達到與客戶建立長期有效的業務關係，才能在保險路上走得更穩健且更長遠。

目標客戶分級，不是擁有大量客群的資深業務人員才需要做的事，我們公司即使是新進的業務人員，公司也會給予服務區讓他進行服務，只要開始與客戶接觸，就需要開始隨時逐步建立客戶檔案。

義大利經濟學者，帕雷托・佛雷多，觀察義大利社會後提出二八定律法則，認為20%的少數人掌握了80%的財富，另為80%的普通人只掌握了20%的財富。

在很多團體高績效表現的，大約佔了全部的20%，其餘一般表現就是80%左右。

因此，二八定律在市場的理論當中，企業只要掌握最重要的20%，就能創下80%的利潤。

身為業務人員必須瞭解，為了讓自己的工作效率、績效極大化，必須要能夠辨識哪些是高價值客戶，並將大多數的資源投注在他們身上。

而在「二八法則」當中，高價值客戶即代表那20%，因而花在前20%較高業績貢獻客戶身上的時間與心力，應遠多於後80%較低業績貢獻的客戶。

當我們能夠精準定義目標客戶時，應著重於最有價值的客戶身上，因為每個人的一天都只有24小時，在業務時間有限的情況下，必須要確保每一分的投入，在日後都能帶來有價值的收穫，才能讓時間及資源分配上達到最大的邊際效益。

在目標客戶中，其中有來自緣故、轉介紹和服務區的客戶。做目標客戶分級的意義也代表著，能按照客戶不同的需求，為他們提供價值服務，進而提升業務績效。

　　與客戶長期互動一段時間後，會逐漸瞭解到每一位客戶對保險商品的認同度、偏好，以及客戶的財力、價值觀、興趣、需求等。再依照自己對客戶分級的標準作A、B、C級分類。

**A級客戶** ▶▶ 擁有高淨值資產、保險觀念好且具有高業績潛力的客戶。列出最重要的十個高淨資產的客戶，雖只占了總客戶的3%，有的不一定是高收入的客戶，但是他們有高度影響力，且願意不斷為你介紹客戶。
運用「無限卡」的觀念，給予盡可能的服務，投入時間與他們相處來增強與他們的關係，當然也思考創造最大的商機。

**B級客戶** ▶▶ 次重要的客戶約占27%，有潛力或有可能發展高淨資產的客戶，有保險觀念雖無法立竿見影，但是投資時間與精力的話，有可能獲得豐厚的回報。

**C級客戶** ▶▶ 占70%的一般客戶，沒有潛力，資源有限，較沒有保險觀念。每個月可利用一個晚上的時間，利用LINE問候即可。

實務上，A級客戶絕對是高度優先關注的重要客戶，在建立關係上，投入的資源和時間一定會比較多，與A級客戶關係經營時，建議以下三點作法：

(一) 每月至少會和此類客戶見面一次，關心客戶的家人、孩子，如果正逢其家人生日，想辦法給他驚喜。

例如：送上小蛋糕、或貼切的小禮物。與客戶互動中，分享一些保險理財的觀念和見解。見面之外，我也會利用LINE發送一些實用資訊及文章，或是專程送上特刊、我親手做的烘焙點心等，讓客戶知道自己是如此重視彼此之間的關係。

(二) 不論是對任何一個客戶，講話必須要言之有物。即使是聊天，也要有方向、有內容；也可與客戶分享自己的工作狀況，參與哪些研習、進修課程等。當客戶愈清楚瞭解自己的工作內容時，會更加肯定業務人員的專業與敬業態度。

(三) 邀請客戶參與講座、餐會、茶會、一日遊、不定期的品酒會等，除了可以讓客戶瞭解公司最新訊息、保險相關的知識及資訊，提供給客戶附加價值外，也能夠增進與客戶之間的連結。客戶對我們的支持，要衷心感謝，或可提供給客戶度假券或餐券，客戶對我們的照顧，不可視為理所當然。

(四) 提供客戶每年的保單健診、保單價值及投資情況說明、稅務相關諮詢，或時下熱門的全球經濟、理財保險議題及正確的保險知識等。

B級客戶成交的保單雖然不是高額保單，但是由於此類客戶具有保險觀念，若投資相當的時間與精力，有可能由B級客戶晉升為A級客戶。在與B級客戶經營關係上，建議以下三點作法：

(一) 了解客戶真正的需求，並提供符合需求的服務，即使是傾聽客戶抱怨生活、安撫其不安的情緒，也能夠發揮價值服務的精神。

(二) 及時貼切的服務。當客戶需要服務或解決保單相關問題時，應盡快做出回應，高效率服務才能獲得客戶肯定。

(三) 與客戶定期見面，並提供公司的相關活動訊息。客戶從喜歡、信任到依賴的過程是不容易的，培養及維繫關係必須用心經營，舉凡邀請客戶參加講座、餐會、茶會、一日遊等，這些都能夠提升與客戶之間的緊密度。

面對C級客戶，基本上都是被動式服務，關係經營建議以下三點：

(一) 滿足客戶的需求點。在客戶有理賠、契約變更等需求時，服務速度要愈快愈好。

(二) 公司有大型活動、獎學金申請時，在LINE群組發布訊息通知他們。

(三) 即使是被動式服務，服務品質也不會因此打折。因為服務的同時也代表著公司企業形象的體現，更要維護自己一諾千金、使命必達的品牌形象，只要真誠付出的服務，必能獲得客戶的肯定與感激。

每次與客戶的見面，不論是A、B、C級客戶，真誠提供客戶專業且具價值的服務，能為自己創造業務績效，而經營與客戶之間的關係，必須從真心陪伴和關心客戶開始。

要能夠站在客戶的立場想，才能取得客戶的信任，而後再尋找機會將自己的專業知識與商品介紹給客戶，最終達成商品成交。

業務人員必須清楚瞭解自己客戶的族群分層，才能幫助自己省下更多寶貴時間，有效的運用時間，審視並加以分析規劃，提升工作效率，才能驅動業績成長。

# 客戶經營十項作法

　　客戶關係經營的目標是與客戶建立長期信任關係，以客戶的利益為前提，了解客戶需求，解決他們的擔憂，為客戶量身訂做，幫助客戶實現對家人的承諾與照顧的責任。

　　為了做好客戶關係經營，業務員首先要具備人際溝通和表達力的能力。這樣才能與客戶建立良好的人際關係，並將專業知識、價值服務有效的推銷給客戶。

　　要成為頂尖業務員，須從基本功做起，一個看似平凡無奇的習慣，也就是每天日常作業上的作法，歸納出十項作法提供參考。

　　首先從接手客戶開始，再者做客戶分類、讓客戶保持滿意度、滿足客戶的期望、客製化的服務、讓客戶驚奇的禮物、增強客戶的忠誠度、讓客戶關係更上一層樓客戶、訂定與客戶的聯繫計畫，到最後的留住客戶的策略等，作法如下一一說明：

## 接手客戶

新進公司的業務員，經過實習、再教育課程及通過考核後，公司會給一畝田，也就是公司某路段的客戶供服務。

剛接手新客戶時，你可不費吹灰之力，不用買名單，就可以獲得一畝田的客戶，剛開始客戶並不認識你，建議你積極主動接觸新客戶，建立良好的第一印象，客戶諮詢的時候可以及時回答，讓客戶感受到你的專業和熱情。

保險工作內容更傾向服務；無論是新進或中青或資深的業務員，任何一個人持續上課進修是必然的，商品的專業知識都只是最基本應具備的能力，其實是需要更多其他的專業力來輔佐，才能做出差異，贏得客戶的信任。

與客戶建立信任關係，可從下列幾個步驟著手進行：

**步驟1** ➤➤ 先寄出郵件通知客戶。讓客戶知道你重視他們的業務，並將在不久安排拜訪見面。

**步驟2** ➤➤ 聯絡方式。郵件中提供聯絡方式，以供客戶有疑問時隨時諮詢。

**步驟3** ➤➤ 致電約訪。查看了解客戶資料後，然後打電話約訪。

**步驟4** ➤➤ 信任關係。與客戶初見面，在未建立信任關係前，不要試圖銷售，不然會把客戶嚇跑了。

**步驟5** ➤➤ 傾聽客戶的抱怨。「怎麼又換人了」，讓客戶知道新的服務人員，意味著您可以得到各種不同的專業意見，問客戶：「您願意永遠成為我的客戶嗎？」你還可以分享日常生活溫馨故事，降低客戶對你的敵對情緒。

## 客戶分類

將客戶分類管理,根據其需求、偏好和價值觀進行區分,有針對性的提供服務。

客戶分級運用主軸最主要的就是依循二八定律,客戶分ABC級,如前面目標客戶分級說明,將重點放在這20%的客戶身上,業務員可以空出更多時間為A級客戶提供服務,同時也為自己爭取更多業務成交。

有了好的業績,才能有更多的資源,來經營其他80%的客戶。

堅信二八法則能帶來驚人的功效,秘訣就是執行力,要能堅定信心持續貫徹,達成設定的目標。

## 讓客戶保持滿意度

定期與客戶保持聯繫,了解他們的需求和反饋,及時解決問題,確保客戶滿意度。銷售就是讓準保戶成為客戶,然後保留客戶,保留、保留、再保留。

記得客戶的期望一定要被滿足,而且要盡快被滿足,你將會有源源不斷的新契約、新的轉介紹、好的影響力中心。建議做法如下:

**做法1** ➤➤ 電話或使用LINE關心。定期以電話、LINE與客戶傳遞祝福與關懷，讓客戶知道你對他的關心，記得，也要問候其家人、孩子、先生。

**做法2** ➤➤ 寄季刊。定期且持續的寄出月刊、公司季刊或雜誌或與客戶公司行業相關的資訊，與客戶保持聯繫。

**做法3** ➤➤ 定期見面。定期與A級客戶及新的準客戶見面以拓展業務。

**做法4** ➤➤ 營造關係。把握每一次的見面機會。要記住微笑是世界最美的臉，也是最親切的招呼。另外，還可以安排講座、晚餐、茶會或一日遊，營造關係網與客戶增進親近的感覺。

**做法5** ➤➤ 祝賀。客戶有值得慶賀的日子，如生日、結婚紀念日、金榜題名、弄璋弄瓦之喜……電話祝賀，或為客戶送鮮花慶祝。

## 滿足客戶的期望

努力超越客戶的期望,提供更加優質的服務和商品,讓客戶感受到超值的體驗。不同的客戶有不同的期望和需求,因此,好的業務員必須了解並為客戶做量身訂製的服務。

在業務中除了給予專業的協助,關懷、信任、禮物,甚至一個微笑都會讓客戶感到溫暖,這都是贏得客戶的關鍵所在。例如:

**關鍵1** ▶▶ 速度。人們通常都不想等待，對於保險金融從業人員而言，任一客戶所產生的問題都非常的急迫且重要，尤其是提出理賠申請，應該快速做出回應。

**關鍵2** ▶▶ 兌現你的承諾。客戶期待你會堅守你的保證和承諾，我的做法是：「說我所做，做我所說。」言出必行守承諾。

**關鍵3** ▶▶ 個人化的服務。差異性的服務讓客戶感到殊榮，為Ａ級客戶舉辦聯誼活動，讓他們藉由活動平台彼此有交流的機會，這些都能為客戶增添價值。

**關鍵4** ▶▶ 溝通。讓客戶隨時掌握最新的全球經濟財經訊息、客戶的保單價值及投資理財情況。

**關鍵5** ▶▶ 多份接觸，少份科技。科技可以幫你解決很多問題，但絕對無法取代你，還是要與客戶定期見面。

**關鍵6** ▶▶ 被感謝，被欣賞。這樣的需求一直都存在。一句「你今天看起來特別的美！」都可以觸動客戶的心。

## 客製化的服務

根據客戶的需求和特點，量身訂製服務方案，提供個性化解決方案。開拓新客戶帶來新保單的成本，遠高於和老客戶達成新保單的成本。

因此，和老客戶維持良好關係是很重要的，有幾個方法讓客戶感受到你的誠意和用心一直都在。建議作法如下：

**作法1 ▸▸** 送節日卡片。親手製作的卡片，可貼上客戶的照片，這一張卡片客戶一定會保存起來，或附上咖啡包、養生茶、巧克力、甚至於科技的LINE禮物等，都能表達您滿滿的祝福，現在什麼都講求快速的社會，一份簡單又心意十足的手作禮物，也會讓客戶感動不已。

**作法2 ▸▸** 送禮的時機很重要。把握客戶聯誼會上同時有他的客戶、朋友、同事、家人的場合送上禮物，更有加乘效果。

## 讓客戶驚奇的禮物

　　不時地給予客戶驚喜禮物或特殊待遇。讓他們感受到被尊重和珍惜。逢年過節你的禮物都能給客戶留下深刻印象。建議做法如下：

**做法1** ▶▶ 根據客戶的喜好、愛好，定制禮物。如：廚藝、園藝、高爾夫球、旅行、紅酒五類禮物。

**做法2** ▶▶ 要讓客戶記得你，消耗品不要太多。

**做法3** ▶▶ 給客戶一個驚喜，託人送上生日蛋糕……。

**做法4** ▶▶ 以客戶孩子為主題，為他們舉辦小型聚會活動。

# 增強客戶的忠誠度

建立深厚的信任和情感連結，提升客戶的忠誠度，讓他們成為長期合作的夥伴。選擇為A級客戶舉辦一個品酒會來感謝客戶，同時會為你帶來很好的轉介紹。建議如下：

**建議1 ➤➤** 協助客戶辦一場宴會，如公司周年慶、生日宴會。

**建議2 ➤➤** 宴會準備，協助找餐廳或景點。

**建議3 ➤➤** 協助邀請卡製作。

**建議4 ➤➤** 協助電話通知賓客。

**建議5 ➤➤** 協助豐盛品酒會的籌備，如餐點、紅酒、白酒的推薦。

**建議6 ➤➤** 交換名片。在宴會上，不論是客戶與其親友都是一個很好彼此聯誼的平台，彼此交換名片，一場宴會同時也在創造轉介紹客戶的機會。

## 讓客戶關係更上一層樓

　　積極參與客戶生活和工作，了解他們更多的需求和困擾，建立更緊密的關係。定期舉辦一些有趣、非正式的活動，可以維護與客戶的關係，還可幫助開發新的業務。作法建議如下：

**建議1** ▶▶ 紅酒品嚐會。舉辦紅酒品嘗會每年至少1-2次。

**建議2** ▶▶ 固定活動地點舉辦聯誼活動。找一個據點或在公司會議室做為固定活動地點，定期每月舉辦一次。也可利用LINE發送邀請客戶及全家大小朋友都可來參加。

　　每次的活動，可以讓客戶詢問保單問題也可以講解稅務、房地產、時事相關資訊。

**建議3** ▶▶ 紀錄活動。將每一次的活動場面錄影下來，即使有客戶因為有事無法參加，我們可以提供線上的影片檔給客戶，讓他們不會錯過。同時也可以確保和沒來參加的客戶之間的溝通和交流。

**建議4** ▶▶ 咖啡俱樂部。有相同興趣的客戶聚在一起聊咖啡、喝咖啡是一件多美好的事啊！這是可以加強你和現有客戶關係極好的聯誼方式。

**建議5** ▶▶ 依據客戶的興趣來舉辦相關活動。對客戶關係建立有著事半功倍的效果。

　　與客戶定期的見面建立信任關係，讓客戶知道你一直很關注他，當和客戶建立信任關係之後，盡可能也要邀請他們的家人和朋友一起參加公司舉辦的聯誼活動。

## 訂定客戶的聯繫計畫

　　制定與客戶的定期聯繫計畫，包括定期電話、郵件或拜訪，保持與客戶的良好溝通。市場是無法掌控，但是對於客戶的服務，是可以掌控的，不要受市場上的某些因素影響你拜訪客戶，因此不要將注意力放在不可控制的因素上。建議作法：

**建議1 ➤➤ 依客戶分級，每天落實五訪**，勤拜訪客戶是基本功，定期寄月刊、季刊雜誌，每年一次聯誼聚會，以及做保單檢視等。

**建議2 ➤➤ 建議每月例行工作，至少打1次電話給A級客戶**。例如：40名A級客戶，你每月工作20天，一天打電話給2名，40通電話就完成了。

**建議3 ➤➤ 其餘客戶最好安排每周固定的時間聯繫，**如：每週五下午2-3點，打電話給10名客戶……。

## 留住客戶的四個策略

不斷改進服務品質，提高客戶滿意度和忠誠度，穩固現有客戶，防止客戶流失，維持穩定的業務關係。服務客戶和保留客戶都是一種投資，忠誠客戶長時間的支持與肯定是很難得好因緣，我們應該堅守一張保單一世情的承諾。建議作法如下：

**建議1 ▶▶ 善用商機系統資源。**

我們公司有管理客戶的商機系統、客戶儀表板，提供給業務員服務並經營客戶，就是我們通稱的「一畝田」。

取得名單後，同一住址做歸戶整理，就能完整掌握客戶家裡成員的資訊；與客戶的互動從何開始，就從準備要提供客戶保單檢視服務時就開始了，商機就在每一次的拜訪中，唯有勤拜訪，方能將客戶名單化為保單。

**建議2 ▶▶ 與客戶成為朋友。**

用心經營讓每位客戶都成為我們的好朋友，與客戶建立信任關係。

**建議3** ➤➤ 人人百萬客戶。

對每位客戶的服務態度應該是一致的，每位客戶都有可能成為百萬客戶，因此，每位客戶都需要用心投入服務。

**建議3** ➤➤ 80/20法則時間管理。

二八法則，又稱為帕雷托法則，前面章節按此法則做客戶分級，同樣的也能運用在時間管理上，專注把時間花費在處理重要的事情上，這些成果才會有價值。

~~~~~~~~~~~~~~~~~~~~~~~~~~~~~~~~~~~~~~~~~~~~

我很喜歡香港首富李嘉誠對二八法則的看法：

他說：「一件衣服被我穿上了，80%的人都說好看，那我一定會買！」

「一個生意機會被我遇上了，80%的人都說可以做，那我絕對不會去做！」

「我深信世界上的二八定律，為什麼世界上80%是窮人，20%是富人？」

「因為20%的人做了別人看不懂的事，堅持了80%的人不會堅持的正確選擇。」

透過以上這些做法，業務員可以有效的建立和維護客戶之間的良好關係，提升業績並實現長期發展。

身為頂尖業務用心經營A級客戶，為客戶提供真心、無微不至的服務，你要把時間、精神留給你的核心工作，電腦方面及聯絡等事務性瑣碎的工作，可由助理來幫你完成。

每個人一天只有24小時，有限的時間內，該如何運用時間，將時間價值最大化，是每位業務員都該重視的課題。

白天在辦公室協助處理組織團隊相關事務，或公司交辦事務，或拜訪客戶；家裡是我的第二個辦公室，我是個夜貓子，夜深人靜反倒思緒更能夠靜下來思考。

我習慣在晚上處理工作，我覺得找出最適合自己的最有效時間，把最重要的工作放在自己精力最好的時間內完成，這樣才能有高效率。

# 創造價值

有理想、有堅持，是達到目標的關鍵。

在保險業務工作中，每一天都需要業績，因此與客戶保持密切關係是至為重要的。

我深信「一張保單一世情」，我會堅守對對客戶的保證與承諾，就必須持續精進自己的專業，以提供給客戶確切的需求服務，透過用心經營目標客群，我相信可以延伸出後續的銷售效應。

在業務工作中，「堅守誠信原則」是我一直以來的信念，因為每個客戶有著不同的期望與需求，作為優秀的業務員，我會努力了解並滿足客戶的需求，並始終言行一致。

之外，在日常生活中，我會常常給予關懷、甚至一抹溫暖的微笑，這些小小的舉動都能讓客戶感受到溫暖和關愛。

在客戶服務中，要讓客戶感受深刻，進而延伸後續銷售效應，有五點增強服務效能：

| | |
|---|---|
| **表達感謝與讚美** | 不要因為與客戶熟悉，而忘了對客戶表達感謝與讚美，差異性的價值服務會讓客戶感到殊榮，把握每次會面的機會，為自己增添價值。 |
| **維繫舊客戶關係** | 與舊客戶維持良好關係相當重要。因為和舊客戶成交新保單的成本，遠低新開拓客源。<br>要持續保持當初成交前的熱情與熱誠，並在重要節日時送上贈禮，以提升在客戶心中的好感度。 |
| **客戶量身訂製的禮物** | 每當逢年過節時所贈送的禮物能讓客戶留下深刻的印象，依據客戶的喜好贈與專屬的禮物，使客戶感受到你的與眾不同並加深印象。<br>例如，製作財經報告時，根據客戶不同情況作出調整，並以圖表的方式呈現資訊，或提供一目了然的彙整表，讓客戶感到貼心的服務。 |
| **加強客戶關係** | 定期舉辦感恩餐會，或其他有趣、非正式的活動，可以建立更穩固的關係。這不僅能維護與客戶的關係，還有機會幫助自己創造新的業務機會。 |
| **提供分享知識活動** | 邀請律師、會計師、財經教授等專業人士講解稅務法規、房地產、時事相關資訊，並將活動訊息彙整給客戶，讓客戶不會錯失得到資訊或知識的機會。這不僅可以提升客戶的專業知識，還能加強與客戶的互動機會。 |

透過這五點增強服務效能的策略，可以讓客戶感受到更深刻的關懷和服務，進而提升客戶的滿意度和忠誠度，並延續後續的銷售效應。

說到這裡，各位可能會疑問，保險工作怎麼這麼繁多，這樣還有時間做業務？

保險業務的繁忙確實讓人感到困惑，但差異行銷是業務成功的關鍵。若你花99%的時間，做的是和別人相同的事，效果只會和別人一樣，所以另外的1%才是決定你做不做得到生意的關鍵。

想要在保險業立足，必須有明確的工作規畫、優秀的技能，還需要持續學習和提升自己的能力。客戶關係的建立和管理，除了在硬體上的資料管理，更要注重軟體服務點，專注在提供高品質的服務。

用心投入培養客戶關係，建立深厚的連結，可以使未來的信任關係更穩固。客戶也會因為這份專業及價值服務而回饋業務人員保單成交及轉介紹，最終發展為終身客戶。

篇章

# 自我管理

## 時間管理

2010年我報考東海大學管理學碩士班，筆試後還要進行口試，要通過三個關卡，每一關主考三個問題，有五位考生依序回答，其中一位關主，就是當時管理學院的院長，院長他問了第一個問題：

「你們白天都要上班工作，你如果考上了，你怎麼做時間管理。

同學就一個一個回答了：「我會利用……時間讀書、……工作……」

當時我回答：

「時間一天有24小時，他不會為你停留，也不
需要管理他，他自動的走完一天24小時，不會少1分
1秒。

時間管理最重要的是，自我管理。

自我管理，核心是管理自己。

自我管理的第一步，應從自律開始。要求自
己，戰勝自己的惰性，具備自我管理能力的人，才會
更進一步身體力行。

很多人不能完成在期限內完成某個工作，常會
以時間不夠用為藉口，但其實時間不夠用，只是主觀
上的感受，問題的關鍵在於我們沒有妥善安排及運用
時間。能善用時間的人，必能掌握自己努力的方向。

為追求更高學府的學習目標，我想我已經做好
準備，有幸能錄取進入最高學術殿堂，我定會加倍努
力學習。」

院長當下笑笑點頭，說：「莎涵，你可以來修
我的課。」

後來我錄取了，也順利兩年的時間我完成碩士學位。

佛家有句話：「果熟自墜，福熟自度」，人的可貴在為自己負責，成年人，就應該有純熟的思想、有自律的精神，知道自己甚麼時候該做什麼事？

就如我前面說的，時間管理，就是做好自我管理，設定好工作目標，專注地去做好每一件事。你就把它當做是自己的一份事業，你要怎麼去經營它？該做什麼？

試想，你經營一家店面，每天要幾點開門營業？可以營業兩小時又關起來，等一下想到再開門嗎？

你的營業時間多長？你要賣甚麼？怎麼賣？照這樣，認真仔細想想，規劃好每一環節，就確確實實地完成它，假以時日你一定會成功。

認識我的人都知道我很忙，我大概習慣了，所以也不覺得，但是我會對他們說，不是「忙」，只是事情多了些，但是很「充實」。

《中庸》裡有一句話「**凡事豫則立，不豫則廢**」。這句話的意思是，不論做什麼事，事先一定要做好準備，就能夠達到成功，不然就可能會失敗。

因為有明確和詳細的事前計劃，可以幫我們對於整個事情進行分析，梳理一些想法，對於可能遇到比較棘手的問題，也可以預先思考如何應對，這樣不但可以減少我們花費處理的時間，也提高了我們的工作效率。

首先，我們要釐清自己該做的事？能做的事？和想做的事？

該做的事，就要極力做到最好。

遇到不會做的事，就一定要下功夫去學習，不會也要問出答案，想方設法如期完成，這是本分事，是負責任的表現。

能做的事，會做的事，更應該全力以赴。

將所學的專長發揮到淋漓盡致，並盡量提早完成。

想做的事情，等有空閒時間再去做。

如此，才能將時間做有效的分配，才不至於每天看似很忙，卻一事無成。

如何做到呢？我個人習慣靠筆記來提升我的工作效能，我把每天要進行的業務內容，包括人、事、時、地、物要清清楚楚的記錄下來。

例如：明天要洽辦的業務、或與A客戶約好3個月後要申請定期定額、辦車險、或半年後B客戶公共意外險到期不續約，或者在某年某月某日有安排活動，我都是靠筆記本幫我管理。

而且我每天晚上睡覺前一定要把明天要做的事都想過一遍，時間該怎麼安排；如果行程多，就會再把流程寫在便條紙上，方便明天放在車上再提醒自己，避免明天一忙，會遺漏了。每天我都是事前充分準備，如遇臨時事情發生也能胸有成竹，不會慌亂。

我自己對時間的掌控很有信心，在生活、工作、家庭，甚至於學業、志業等各方面投入的時間，都做了有效的分配，不論在個人業務推展，和公司交辦的業務，我一定竭盡全力配合。

# 善用零碎時間

　　如何有效分配，靈活運用時間，擁有高工作效率。首先，要有時間觀念，其次是做好事前規劃與準備，再來就是要善用記事本，幫你完成你設定的每一項目標。

## 有時間觀念

　　做好時間管理，首先需要建立明確目標與方向，了解自己處理不同事情的能力，才可以更好規劃和管理時間。另外，要注意哪些事情或活動會花費大量時間。例如，看電視可能會浪費許多時間，所以應該善用零碎時間來提高效率。

　　《總裁獅子心》作者嚴長壽先生的第一份工作，是在一家公司當遞送文件的服務生。他每天都提早一小時上班，將所有的資料、文件仔細分類，並安排好傳送的路線。這一小時的事先計畫，使他每天都能迅速且有效率的達成任務，而且還能空出時間，承接更多的事情，不但對公司有很大的貢獻，因此奠定了他日後成功的根基。

　　董遇，是東漢末年的著名學者，以善於利用時間而聞名。他不僅充分利用「正時」來學習，還珍惜人們所忽略的「餘時」。

他提出要利用「三餘」，即「冬者，歲之餘，夜者，日之餘，陰雨者，時之餘」。

他充分利用這些「三餘」的時間，不分季節，不分白天黑夜，不分晴天雨天，都不停的苦心學習。最終，是因為他這種努力不懈的精神，即使是一點點的「餘時」，也能夠成就非凡。

莎士比亞被譽為英國最傑出的戲劇家之一，他的名作《羅密歐與朱麗葉》是西方文學史上不朽的作品之一。

然而，他早年學習戲劇的經歷卻鮮為人知。十二歲時，莎士比亞在戲院當馬夫，負責等候在戲院門口的紳士。每當紳士們邁下馬車時，年輕的莎士比亞迎上前去，拉馬繫韁。在這段空閒時間，他從門縫裡觀看舞臺演出，揣摩劇情、角色，將每場戲，都當作最好的學習教材。

這種對戲劇的熱愛和孜孜不倦的學習精神，使他成為後來的戲劇大師。這個故事告訴我們，即使在忙碌的工作中，利用空閒時間來學習和提升自己，也能取得非凡的成就。

從我開始工作至今四十餘年，我不曾把早餐帶到公司，每天早上一定在家用完早餐再出門。這樣可以省下排隊買早餐的時間，還不會占用到上班的時間。

記得，讀高中開始半工半讀，在化妝品公司擔任助理會計，除了帳務、行政工作外，每天早上一到公司，還要先做打掃、清潔工作。我不想在九點同事進到辦公室，我還在擦桌子、掃地、洗廁所。於是，我每天提早一個小時到公司，先把清潔工作做好。

九點時間到，大家來上班，我和他們一樣可以坐在自己的座位開始工作，不會因為打掃而佔用了我的工作時間，我每天就有充足的時間完成總經理額外交辦的事，例行工作也能迅速、準確如期地完成。

認真的工作表現，博得總經理的肯定，三年後會計主任因為結婚嫁到中壢而離職，我即順利的晉升會計主任。

　　保險業務工作，除了拜訪客戶外，還有很多靜態的行政事務，大多數我盡量利用零碎時間處理，在我手上的工作，一定在最短時間內完成它。

　　以前從客戶那兒帶回來的工作，如理賠申請單、門診單資料要輸入電腦、契約變更、或新契約等相關表單的填寫，當天晚上我一定會做完成。

　　有時候要寫的資料很多，還會忙到半夜兩、三點，但是無論如何，只要當天晚上能處理的我一定完成它，絕不把工作留到第二天。

　　就如東漢董遇說的：「夜者，日之餘」，我寧願少睡一點，把當天的工作做完，今日事，今日畢。

　　試想，如果這些工作等到隔天早上，再帶到辦公室做，這一天的工作時間又要去掉一大半了。更何況每天早上都有早會、區交流會，還有組長的協辦事務，及處長交付的任務。

　　有效管理時間的技能，必須運用於平時的工作、學習及日常生活中，周而復始，進一步真正內化為自己的生活習慣，才能幫助自己省下更多寶貴時間，提升工作效率，實現目標。

　　現在很多作業都E化了，我確實感受到科技進步帶來的利便與效率。

## 事前準備與規劃

　　儘管科技再怎麼進步，在時間管理中，事前準備與規劃仍是一個非常重要的一環。

　　平常如果有任務，我總是習慣提前一週、或至少提前一天做好準備。清楚掌握待辦事務做好充分準備，就可以專注於當下，若是遇到比較突發性的狀況，占用幾分鐘時間處理一下，也不致影響既定的工作行程。

# 日日行，不怕路萬里，
# 時時做，何懼事萬千。

一般人都會覺得從事業務工作，一定是個性活潑、外向、外貌姣好、機靈和口才好，才是優秀業務員所應具備的條件，我認為其實不然。我的個性既內向，又不喜多話，因緣際會，我從內勤工作走向業務工作，棄文從武，踏進了保險業一晃眼也十八年了。

成功的業務員不一定需要擁有濃厚的外向性格或者出色的口才，內向和謙虛的人同樣可以在保險業務中取得卓越成就。

我們可以從下列三個面向來努力：

## 業務員需要高度自動化

業務員必須能為自己創造出更大的成長空間，全方位提升自我的核心價值。例如：

❶ **行銷自己、傳達誠懇、正面積極的形象。**
建立自己的品牌形象、包括專業、誠信和服務熱誠。客戶的家就是練習場，與客戶多見一次面，就多一次機會，除了可以發掘客戶未被滿足的需求；和客戶的互動也是一種學習。與客戶分享交流可以

展現自己的專業，吸引潛在客戶的注意，並持續提升個人形象和專業力，例如參加各種研習課程。

**❷ 敞開心胸，熱忱服務是工作的動力。**

服務熱忱來自於業務員對自身工作的尊重，要提升競爭力，須持續學習，方能提升自己對客戶的服務品質。除了要聆聽和關注客戶的需求，貼近客戶的心，還要以積極的態度提供解決方案，並及時回應客戶的疑問，贏得客戶的信任與支持。

**❸ 設定可努力的項目持續精進。**

「拖延」是業務員在服務中需要特別注意的問題，尤其是辦理理賠和保單契約變更，都要展現積極認真服務的態度與精神。

業務員每天的基本功就是勤拜訪客戶，不要小看這小小的動作，每天堅持五位客戶的目標拜訪量，能收到的效果將是相當驚人的。保險業務，「拜訪量＝業績量」是不變的真理。

## 業務員必須做到自我檢核

　　曾子曰：「吾日三省吾身。」曾子在此所說的
「三省」，主要是在提醒自己，對人要誠信，替人做
事要盡心盡力，為他人著想，這也是在自植福田。

**❶ 業務員每日檢核記事本的紀錄。**

檢核每日的業務行程，確保每日紀錄的業務行程清
晰明確，包括拜訪客戶的時間、地點、內容等。還
要分析客戶的反饋和滿意度，即時記錄並反思尋找
改善空間和方法。

這裡要強調，錯誤不可一犯再犯，孔子最稱讚顏回
的「不貳過」，我們要謹記並效法做到。

**❷ 是否不經意的透露出自己的驕慢態度。**

持續提升服務熱忱和專業能力，保持虛心學習的態
度，不斷充實自己的知識和技能。客戶對服務不滿
意時，應避免與客戶爭辯，還要和顏悅色回應，以
免失去客戶的信任與支持。

**❸ 客戶委託交辦事務，使命必達。**

對客戶交辦的事務應盡快且準確地完成，並且保持
良好的溝通和覺察分析的能力，善用自己的業務思
考力，找出事情的關鍵，做到位。

總之，自我檢核是業務員持續成長和提升的關鍵步
驟，通過不斷反思和改進，幫助個人在業務的推展。

## 養成好的工作習慣

　　教育學家說：「不費吹灰之力養成的習慣，費九牛二虎之力，亦不易移除。」可見養成好的習慣就在日常生活中的舉手投足。

**❶ 誠懇地對客戶付出。**

無論對待舊客戶或新客戶都能保持真誠的工作態度，服務的品質應該是一致的，那就是你的品牌。

將此精神融入自己的生活與工作中，不用再刻意要怎麼做，凡事多站在對方的立場思考。時時與人結好緣，己所欲，施於人，您真心的付出，客戶一定可以感受到。

**❷ 秉持三心，耐心、愛心、熱心。**

秉持三心，耐心、愛心、熱心的服務精神，對客戶從最基本的契約變更服務、理賠、貸款、業務諮詢、財富管理、商品解說……等，都必須耐心辦理、耐心聆聽、耐心解答，確保客戶得到滿意的解決方案。

同時也要理解客戶的需求，對客戶表現出真誠和關心客戶的權益。另外還要積極的態度對待客戶，提供更專業且周到的服務。

透過這些優化措施，確保在各項作業流程中，避免出現錯誤或遺漏。業務員能建立良好的工作習慣，不但能提升自身的專業能力和服務水準，更能提升客戶滿意度。

## 記事本

筆記本是用來目視化，提醒自己每日的行程及注意事項，月計畫表則是一些客戶的重要日期紀錄等，電腦系統日報表則要記錄和每位客戶聊天內容的關鍵字，不至於常出現問客戶同樣問題的窘境。

老子：「千里之路，始於足下。」自我管理要從每日寫記事本開始。

日本後藤裕人說：「提升業績的第一步就是寫出明天該做的事。」

身為業務員的你與客戶的每一個約會行程，都要用心盡力，做好萬全的準備。如何做呢？

就是「寫出明天該做的事」，並養成習慣。

記事本不應只用來管理行程，這樣是不夠的。倘若不把當天該做的事詳細的寫下來，如何能對客戶提供無微不至的服務呢？

本來我寫記事本時，並沒有在工作記要前面加黑的圓圈、或塗黑點，我是看了日本作家後藤裕人所著的《頂尖業務員都在用的3T筆記術》之後，我覺得很棒，就開始使用黑色圓圈，工作倘若已完成即塗黑點來標註。

記事本該如何寫呢？以下六點做法建議：

**❶ 紀錄4W1S**

記錄何時（When）、何地（Where）、何人（Who）、何事（What）、相關資料（something），寫得越清楚才不會丟三落四，也才能夠凸顯自己的專業形象。

---

● 3/1下午2:00 /XXX/理賠+IPAD+E理賠同意書/7-11

---

## ❷ 定優先順序

給應辦事項定優先順序，只要在事項前註記編號，可以幫助自己思考判斷事情的輕重緩急，讓思緒更加縝密。

---

● 3/3上午8:30組長以上聯合會議
○ 3/3下午1:30/ XXX/建議書/公司
● 3/3下午3:00 /XXX/理賠/IPAD/E理賠同意書/住家

---

## ❸ 未完成的事項要延期

如果當天的事項「未完成」，工作紀要前的「黑圓圈」就保留，而且必須馬上在隔天的欄位再登記這件事，如此一來規劃的事情就不會遺漏。

---

○ 3/3下午1:30 /XXX/送建議書/公司

---

## ❹ 畫一個實心黑點

當天該做的事已完成，就在編號與內容中間標上完成符號，例如：已完成，塗黑點（●），未完成（○），這樣即可一目了然。

---

● 3/4下午1:30/ XXX/建議書/公司

---

### ❺ 私人事項一併寫下

公事，私事一樣重要，應該整合管理。對親朋好友、家人、先生、小孩，也要說到做到，要同樣重視並關心他們，凡事準備周全，在工作、家庭都要兼顧面面俱到。

筆記本是給自己看的，可以統整自己一天的業務行程，把生活大小事一樣逐條列出，就不怕因為忘記，讓家人覺得你忽略他們，也可以養成常常翻閱筆記本的習慣。

> ● 3/6 /老公生日/預訂XX餐廳/11:30用餐

### ❻ 分色管理

事情輕重緩急也可分色管理。紅色代表重要事項，今天絕對要完成；藍色代表一般應辦事項；黑色代表會議相關事項。如果沒有用三色筆，也可用螢光筆標註。

**範例說明一 ➤➤**

- 4/26-4/29參加公司的澎湖旅遊四天。
- 4/26第一天早上七點三十分在台中機場集合，路程因素，當天早上我必須在五點起床準備。
- 4/29第四天回來，班機晚上九點回到台中機場，我回到家一定超過十點半。隔天早上九點，我又要到訓練中心講課。

## 4 April

| | 早 | 中 | 晚 |
|---|---|---|---|
| **26**<br>MON | ◇澎湖旅遊<br>◇7:30台中機場<br>◇5:00起床<br>◇帶身分證/健保卡 | | |
| **27**<br>TUE | ◇澎湖旅遊 | | |
| **28**<br>WED | ◇澎湖旅遊 | | |

**範例說明二** ➤ ➤

> ● 4/30我要裝扮整齊，準時九點講課，事前我商請
>   設計師，當天早上七點為我洗髮吹整，我設定鬧
>   鐘早上六點起床，七點到髮廊。
> ● 4/30下午約客戶要送保單檢視。

　　在旅遊出發前，就已經與客戶約好4月30日送保單檢視資料去給他，因此，我必須在4月26日旅遊出發前，登打資料完資料，並列印好保單檢視，凡事只要做好事前規劃與準備，一切都在掌握中，自然能從容赴約了。

| 4 April | 早 | 中 | 晚 |
|---|---|---|---|
| **29** THU | ◇澎湖旅遊 | | ◇9:00回台中機場 |
| | | | ◇10:00到家 |
| **30** FRI | ◇9:00為日研竹區講課 | ◇2:00/XX/保單檢視/保守程 | |
| | ◇iPad/手機/行動電源充電 | | |
| | ◇6:00起床 | | |
| | ◇7:00洗頭 | | |
| **1** SAT | | | |
| **2** SUN | | | |

　　每年年底一拿到新年度的記事本，我會馬上拿起筆來，開始在每一頁畫兩條直線，將每一頁面區隔出早、中、晚三個記事欄。

　　接下來我會將每年例行的工作，如：每單月15日要申報營業稅、五月申報營利事業所得稅、綜合所得稅、九月做預估暫繳申報……等稅務工作先記錄下來。

　　每年端午節我都會包粽子；中秋節、春節，做月餅、鳳梨酥和客戶分享，所以我會先預估工作計畫，擬定特休假的日期。

　　還有家族的例行聚會活動時間，甚至於和客戶的約定事項，不論私事、公事我都會按約定日期，分別填入記事本上。

　　客戶常常會很驚訝，一年前的約定怎麼還能記得清清楚楚？當然都是靠記事本，這也是培養業務思考的好習慣。

　　業務力好的人，講的是業務能力與技巧好，確實能把事情做好；具備業務思考力，不僅讓自己能把事情做「好」，也能做「對」的事，做到效果與效率兼備。

　　我們都知道台中到高雄，有很多交通工具可到達，坐高鐵是最快速到達。試問：你要去高雄，應該是南下，可是你跑錯月台，坐的卻是北上的車，這時候坐高鐵儘管有多快，那是沒有用的，欲速則不達。

　　所以方法對了，方向更要對。在有效率的同時，我們真正要的是效果。

　　養成隨手寫記事本的習慣，在靈光乍現的時候，就立刻拿出筆記本花一分鐘寫下來，如果想到的時候沒有寫下來，之後才想到要寫，往往都忘光了。

　　每每休假前，我都會事先把休假回來後，該處理的事情一一記錄下來，尤其是休長假。

　　如春節、清明節連休或出國旅行，該做的事，在事前寫下來了，就可以安心地出遊，才不至於等到放假回來，還要收心回想哪些事該做，往往都是忘得一乾二淨了。

　　每天晚上睡覺前，我一定再看過記事本，看看明天有甚麼行程？資料是否準備好？並填上明天以後的應辦事項和該準備的資料。

如果當天約的時間很早，隨即我會拿起手機，同時設定好一星期內每天的鬧鐘時間，不論公事或私事皆如此，我利用記事本和鬧鐘幫我管理行程。

有時候，一天的行程比較多，我還會再把重要的事項和行程，依路線安排寫在便條紙放在車上，再次的提醒自己，避免事情一多，因為遺漏、或忘記了沒登記到，因而失約於客戶。

記事本在一週剛開始的時候有可能是空白的，或只有零星幾筆事項，隨著時間一週過去，就變得密密麻麻，沒有任何空白了，正表示你這一週過得是精采又充實；即使這一星期沒有新契約成交，但能與客戶見面更進一步的培養關係，建立信任感，已是很大的收穫。

提升業績的第一步，就是寫出「明天該做的事」。

就算每天有十幾、二十件應辦事項，記事本不敷書寫，我會浮貼空白紙，就是要把每天該做的事全部記錄下來。

動手寫看看吧，寫了就會發現自己生活變得更充實，有確切執行的目標，工作就更有活力與熱情。

不管你做的事甚麼事情，你的時間投入多少，成就就會有多少。

當投入時間 ≠ 工作績效，這時你就要問自己，時間跑到那裡去了？問題出在哪裡？

查看記事本，檢視自己這一星期做了甚麼事？
是私事占用的時間太多了？
還是工作瑣事佔用太多時間？
還是……甚麼都沒做？？？

詳細檢視自己的工作紀錄，並適時調整自己的工作計畫。

訂定工作計劃就是給自己明確努力的方向，首先要在記事本上明確且簡要的描述，在未來一個月內或一年內想要完成的事或目標。

再來就是將工作內容細項化，可以依據大方向的目標，拆分成從年計畫到月規劃，小至一天所需要達成的工作清單，這樣一來就可以避免自己有時在工作繁忙的過程中而亂了步調，而導致延誤工作進度。

　　如果能做好每一個步驟與環節，每天胸有成竹的按照擬定的計畫進行，即使有突然的事件須及時處理，也都能從容應對。

　　反過來，如果沒有計劃，你每天會不知道自己要做甚麼？被動的等著客戶CALL你，如果沒有電話CALL進來，難道就清閒一天嗎？

　　假設有一天，突然電話一通通進來，你會忙得像無頭蒼蠅，還會抱怨連連，但是到了月底業績結束日卻看不到績效。

　　想要改變現狀，讓自己的努力被看到，就從時間管理，管理記事本開始。

　　世上唯一不變的，就是變。

　　往往計劃總是趕不上變化，但也不能因為這樣而不做規劃，因為事前的規劃做得好，才是決戰成功的先決條件。

　　亞都麗緻酒店總裁嚴長壽之所以成功，就是他很有遠見，他不但自己做到，擬定飯店管理經營方針、訂定目標還是設定到五年後，他同時也要求部屬，至少要規劃一年後的工作計畫。

養成好習慣，每天檢視自己的工作行程，絕對不是一天過一天，而是自己做好近程、中程、遠程的規劃。如此，在保險業務的道路上，將會走得更遠、更穩、更踏實，有成就感。

拿破崙曾說過一句名言：「戰爭之前的準備，決定了戰爭的輸贏。」

香港長江集團創辦人李嘉誠說：

「如果在競爭中，你輸了，那麼你一定輸在時間；反之，你贏了，也贏在時間。」

做好時間管理，有效分配運用時間，一切都從準備開始，就是「寫出明天該做的事」。

# 到位服務
## 成習慣

　　喬·吉拉德（Joe Girard）是世界上最偉大的
銷售員，連續12年榮登世界吉尼斯記錄大全，世
界銷售第一的寶座，他所保持的世界汽車銷售紀
錄：連續12年平均每天銷售6輛車，至今無人能
破。他說過一句話：

　　「你一生中賣的唯一產品就是『你自己』。」

　　喬·吉拉德對客戶說：「XX先生，恭喜你，你買
了兩個很棒的東西。

一是你買了一台很棒的車，另外一個是你買了喬吉拉德，我絕對不會躲在車子後面，我會在車子前面服務你，一直服務到死為止！」

喬吉拉德說：「提供客戶一輩子的服務，做客戶一輩子的朋友。」他把自己都賣給了客戶的服務精神，客戶當然感動萬分。

我們銷售保單，也是一樣「一張保單一世情」，保單幾乎都是終身保單，所以也要有終身服務的精神。

## 讓客戶深深記住你

在美國，一家百貨商店裡，由於突然下起大雨，有位衣著簡樸的老太太渾身溼透進來避雨，幾乎所有的售貨員都不願搭理這位老太太。

有個年輕人很誠懇地對老太太說：「夫人您好，能為您做些什麼？」「不用了，我躲一下雨馬上就走。」老太太覺得借別人的地方躲雨，有點不安，就想買一點商品，可是轉了半天實在不知道買什麼。

這位年輕人看到了，就對老太太說：「夫人，不必為難！」於是搬了一張椅子給老太太坐，請她安心休息一下。兩個小時後雨停了，老太太向年輕人要了名片離開了。

幾個月後，這個年輕人被指定代表這家百貨公司和另一家大的家族企業洽談業務，替公司接了一筆大生意。

後來，才知道是一位老太太給的機會，這位老太太正是美國億萬富翁「鋼鐵大王」卡內基的母親。

這位年輕人獲得青睞，青雲直上，終於成為「鋼鐵大王」卡內基的得力助手。

真誠和善良是假裝不來的，發自內心對待任何一個人，懂得尊重的人，自然會獲得比別人更多的機會。

## 投向他人的善，終將回饋到自己身上

曾經有一個客戶罹癌，他打電話到單位來要申請理賠，因為是我的服務路線，我去見了她。第一次見到客戶，她告訴我，她獨居是單親，小孩在外地工作，久久回來一次。

客戶說她的癌症因為轉移，已經有3個癌症，每次住院或看醫生回來都昏昏沉沉，突然想到了要辦理賠，就會打電話請服務員來。

我拿過診斷書，再問她要收據？她打開抽屜裡叫我找找看。哇！抽屜裡一大堆的單據，有醫院的收據、電費單、電話費單……，光是整理那一堆單據，我足足花了兩個多鐘頭，才把它們分類整理好。

我發現診斷書、收據竟然有5年前的，我按照日期排列整理，幫她寫公文補申請理賠，結果有40幾萬的理賠金下來，能幫到她我也非常開心。

客戶很感謝我幫她申請到理賠金，我也只是舉手之勞，竟然獲得了客戶主動幫我介紹了她的朋友，還有她的女兒、兒子後來也跟我買保險。

　　2020年新冠疫情緊張，剛開始一家人只要一人確診，全家人必須隔離。我知道客戶和她的家人都被隔離，於是我去超市買了日常用品、麵包、麵條、餅乾、牛奶及簡便料理的食物、蔬菜、還有酒精、口罩等物品送到客戶家；我還幫客戶到診所拿藥……。

　　保險工作可以使我們結識很多各行各業的客戶朋友，遇到客戶需要幫忙，或遇到人生困境低潮時，我知道了一定會即時膚慰、陪伴他們，或者需要協助，我也會盡力；陪伴他們聊聊天，安撫他們的情緒。

　　相逢自是有緣，平日我也有參加慈善社團，能把握因緣及時歡喜付出，善緣終能得善果，投向他人的善，最終將回饋到自己身上，手心向下助人是最幸福、最快樂的事。

　　營銷大師特德・萊維特說過一句話：

　　「沒有商品這樣的東西，顧客真正購買的不是商品，而是解決問題的辦法。」

　　誠如汽車銷售王喬吉拉德說的：「提供客戶一輩子的服務，做客戶一輩子的朋友。」由此印證頂尖業務員成功關鍵，是在於業務員本身是否能在客戶真正的需求點上，及時提供並解決客戶的問題。

因此，「到位服務」的目標應該是優質服務，也就是滿足客戶內心的需求，做到貼心關懷，真正令客戶滿意的到位服務。

## 小事是成就大事的基礎

拿破崙說：「一切大事都繫於一髮。聰明的人利用每一事物，不會忽略任何可以給他更多機會的事物，較愚鈍的人，常因沒有覺察發現，而造成全盤皆輸的結果。」

義大利很有名的藝術家米開朗基羅，他在雕刻作畫總會花了很多的時間在沉思和推敲著墨，目的在力求作品完美。

有一次，一位朋友來找他，看到他正在為雕像修飾。可是過了一段時間再來看他，他還在為那雕像修飾，朋友責備他，那麼久了都沒有進度，他回答：「我讓他的眼睛更傳神、膚色更亮、肌肉更有力，不就是進度了嗎？這些都是小細節，把小細節處理好就很完美了。」

是的，以上一篇篇的故事告訴我們，細節成就完美，小事是成就大事的基礎，認真投入做好每一件小事，注重每一個服務的細節，為頂尖業務員成功的重要關鍵。

## 奶茶要好喝，要先倒紅茶還是牛奶

請問你有想過喝奶茶，還要問是「先倒紅茶還是牛奶」？

一群英國人透過不斷實驗，發現溫度會改變牛奶口感，用理性數據，測試出完美奶茶的最佳解方。

故事發生在1920年一個下午，一位女博士拒絕了一位紳士把一杯泡好的奶茶遞給她，她向這位男子解釋說：「我只喝先倒牛奶的茶。一杯奶茶，是先放紅茶還是先放牛奶，味道完全不一樣。」

這時候好奇心的人都聚集了過來，有人提議：

「為什麼不做個實驗，當場檢測呢？」

於是一群熱心人士開始幫忙準備實驗。既然要做實驗，必須避免許多不相關的因素，例如茶杯、水的溫度、茶和奶量的多少，以及它們充分混合的時間，要確保這些條件都完全一樣。同時用骰子、輪盤等工具來決定順序，這樣才能確保是真正的「隨機」。

他們準備8杯。其中4杯是先放紅茶再加牛奶的方式混合，另外4杯是先放牛奶再加紅茶，然後把它們隨意打亂，端給女博士辨別。

實驗的結果呢？

根據現場的人回憶，這位女博士居然準確地判別了8杯奶茶！這確實有點神奇，她究竟是如何做到的呢？

1935年，統計學家費雪將這個實驗寫入他的著作《實驗設計法》。

英國皇家化學協會曾經給過一個答案是：

泡奶茶最佳的方法是，「先倒牛奶」。

因為牛奶蛋白會在攝氏75度時發生變化。如果後倒牛奶，那麼牛奶就會被高溫的紅茶包圍起來，導致牛奶蛋白發生變化，味道也會變得不一樣，若將紅茶倒入涼牛奶之中，則不會出現這種情況。

聽到這個實驗後，我大吃一驚，原來有人連喝奶茶都要如此講究，何況是我們保險業務呢？

保險更是關係到每一位客戶的家庭「風險管理」和「財富管理」不可忽視的一環，況且保單幾乎是終身保單，身為保險業務工作者，更要兢兢業業，不僅是在專業的提升，還要了解並確認客戶真正在乎的事？真正的擔憂？竭盡心力協助解決客戶的擔憂，才能讓客戶安心地把財富管理交付我們。

# 做好、做對、更要做到位

到位服務就是要做到超乎客戶的期待，令客戶驚艷且滿意的服務，也就是優質的服務，不僅要「做好」、「做對」、更要「做到位」。

「做好」，也就是很清楚知道自己該做的本分事，抱持負責任的態度，腳踏實地、務實地去做好它。把該做的事情做好，這是理所當然，只是剛好及格而已；做不好就要檢討原因，即刻改進。

第一次做錯了並不可恥，就怕一錯再錯，又犯同樣的錯誤。成功的業務員不可有僥倖的心理，應該在每件事務上都要全心全意盡力做好它。

如果方向正確，但沒有效率，工作頂多事倍功半，然而，有效率卻沒效果，在錯誤的事情上衝刺效率，只會陷入更糟糕的情況。

管理學之父彼得‧杜拉克他認為，效率是把事情做好，效果則是做對的事，而效果比效率更重要。

「做對」，就是自己能做的事，要把事做對。

　　從事保險工作，證照代表著專業的基本門檻，所以一定要有證照。但它不是必勝的萬靈丹，而是判斷一個人能力的指標。

　　人生沒有所有權，只有使用權。應該盡己所能，將證照實力展現在客戶的服務工作上，讓專業證照突顯自己的能力與價值。因此，做契合客戶的需求服務，把事情做對了才有意義。

　　做好、做對，卻沒有做到位，還是不夠好，怎麼做呢？

　　日本帝國飯店的服務，他們的要求是，「一百個環節之中，只要有一個沒有到位，就算是失敗。」所以「做到位」，才是服務客戶最高標準的體現。

　　「做到位」，唯有以同理心、高度的覺察力，覺察客戶的需求，現在是服務經濟時代，客戶對服務的需求不斷增加，應對多樣化個性的客戶，提高服務品質讓客戶滿意，甚至於超乎客戶的期望，方能創造出符合客戶需求的價值服務。

　　久聞帝國飯店的服務精神，堪稱飯店服務業典範，藉由《今周刊》專訪帝國飯店集團社長兼東京帝國飯店總經理定保英彌，談百年老店待客的祕訣，讓我們得以一窺堂奧了。

# 預測客戶下一步需求

在客人舉起手之前,你已經感受到他需要什麼服務了嗎?

只要客戶杯子裡的水剩2/3,就要趨前倒滿。

他們必須仔細觀察客戶拿杯子的角度,當咖啡剩的愈少時,客戶喝咖啡時拿杯子角度就愈接近垂直,哇!這可是高水準的細膩服務下才能洞悉覺察到的。

飯店的調酒師給客戶的第一杯酒,通常會放在規定的位置。但是第二杯酒,就會將杯子擺放在客戶最舒適的位置,因為那就是客戶最習慣的位置。這些小細節,或許客戶幾乎不會察覺到。

看到這裡除了讚嘆之餘,我當以此為師。心想:當我和客戶互動時,也要多用心覺察平時客戶的偏好,有沒有特別不一樣的習慣,譬如喝咖啡、茶的種類要求或習慣坐在沙發哪個位置,以及規律的作息時間等等細節。

更重要的是,更要清楚掌握客戶日常處事態度,才能夠適時提供客戶的需求,超乎客戶的期待才是有價值的服務。

# 問候客戶，再多加一句

當我們進入飯店時，我們習慣聽到的是——歡迎光臨！

但是帝國飯店的櫃台服務員，在向客戶問候的過程中，除了要馬上認出客戶，稱呼問候外，還會觀察對方臉部表情、聲音語氣輕重，來辨別客戶的情緒，如此用心感受客戶的反應，服務員自然而然就可以知道下一步該說什麼話、該採取什麼行動。

當聽到客戶回答：「就是啊，我都有點著涼了！」

他們已經知道可以再提供的服務是，再為客戶的房間送上一台加溼機。

針對每一位客戶的需求，對客戶提供客製化服務，即時貼切的服務，因此也擴展了對客戶服務的空間。

是的，平日我們與人的一句早安問候語，只要再多一個微笑、多一句讚美、或用心觀察、感受對方的精神、情緒，甚至於他的穿著，的確能夠知道下一句話該說什麼，可以增進彼此的情誼，不僅僅對客戶如此，日常生活中，我們可以養成好習慣，對任何人都應多一分用心與關懷。

證嚴法師說：「一句溫暖的話，就像往別人身上灑香水，自己也會沾到兩三滴。」

西方哲學家亞里斯多德的名言：「我們的重複行為造就了我們，所以卓越不是一種行為，而是一種習慣。」

## 送別後便忘記，迎接時就要記起

帝國飯店最資深的和服禮賓管家小池幸子，她的名言就是，「送別後便忘記，迎接時就記起」。

意思是說，客戶一旦退房，就要把他忘記，全心服務下一位客戶，但是當客戶下次再回到飯店時，就要馬上記起上次發生的事，依客戶的喜好進行服務。

全聯總裁徐重仁說，他第一次住宿帝國飯店，房務員會詢問他喜好哪一種枕頭，徐總裁喜歡睡稍硬、內有稻殼的枕頭。此後不須再度提醒，只要他再度住宿時他們都會事先準備好。

還有令總裁徐重仁感到「背後長眼睛」的經驗，是房務人員能從床的痕跡，觀察出顧客習慣的臥側，徐重仁說：「我從未交代，但每次進房間，枕頭就擺在對的位置。」他說：「我到日本東京必住帝國飯店」。

　　有位四歲的神童曦曦，曾經接受台下的爸爸、媽媽粉絲發問：「你的記憶為什麼那麼好，記憶速度那麼快。」他說：「很小的時候，爸爸在床頭放了五個圈圈的照片，它就像照相機，讓他想記甚麼，就記甚麼，他記易經、聖經、道德經、週期表、圓周率、數學公式……等等。」他說，很神奇的是他想忘都忘不掉。

　　我很喜歡管家小池幸子，她說的這句話，「送別後便忘記，迎接時就記起」。

　　我們要學習她的敬業、樂業精神，做業務不論是被客戶拒絕了，或是被工作遇到挫折，我們也要訓練一秒鐘轉身就忘記剛剛的不如意，馬上再提起精神，繼續奮戰。

　　另外對於客戶說過的話一定要記住，或對客戶的承諾絕對不可以忘記，一定要說到做到，還要確實做到位。

　　我沒有小池幸子超強的記憶力，更別說神童了，但是我們可以透過做好客管資料記錄，電腦可以幫助我們隨時存取客戶資料，但是一定要學習小池幸子認真的工作態度和精神。

有一個鄰居的姊姊，每次見到我總會問：「當阿嬤了嗎？」我總是回答：「有啊！有啊！」。我心裡細數過，她已經問了五次，要說是她不用心嗎？還是她只是一種習慣性的無意義社交呢？倘若如此，我倒希望彼此簡單問個安即可；我個人覺得不論是業務工作者，或是任何一個人，凡事抱持嚴謹、用心的處世態度，一定可以 人圓 ，事圓、理更圓 。

平時工作，我們都會和客戶約好時間再見面，所以有充足時間可以先查閱一下客戶檔案資料，再把相關的資料準備齊全，每次就可以從容應對，贏得客戶的信賴與讚賞。

## 貼近客人的殷勤接待

當我們坐車到飯店門口，發現沒有零錢找不開時該怎麼辦？只好請司機等一下，趕緊快步走進飯店櫃台詢問是否可以換小鈔？這種場景您是否很熟悉呢？

帝國飯店門口的服務員訓練有加，他們的身上經常攜帶日元千元鈔、五千元鈔，以備坐計程車到達的客戶不時之需，其用心之細膩著實令人讚嘆。

　　他們還要在打開車門那一刻，就立刻能脫口叫出客戶的頭銜與名字，泊車服務員練就一番記住客戶長相的功夫，真的非常不容易。尤其服務員和客戶本人幾乎也不太有交流，頂多和司機問好罷了，只憑藉著零碎資訊和記憶拼起客戶的全貌。

　　如何訓練呢？他們在服務員休息室裡，他們放著十幾本雜誌、報紙的資料夾，裡面都是政治財經名人的檔案，會不定期更新，讓他們一次又一次加深記憶。每位服務員至少都記得100個客戶的長相和名字。聽到這裡不禁要讚嘆他們認真敬業的工作態度。

　　想到我們保險業務的相關專業知識好像也很多、更複雜，我們也要記很多停售或現售的商品，商品的特色、功能、條款等琳瑯滿目……，看到他們的敬業精神，相較下來，我們這些工作也只是基本功而已。

　　一般我們送洗衣服，就是水洗、乾洗、燙熨，取衣時就是穿上衣架、套個塑膠袋就拎回家了。

　　帝國飯店有一項舉世聞名洗衣服務更是讓人讚不絕口。

　　當工作人員發現送洗的衣服掉了扣子，會主動去尋找相同的扣子幫客戶縫上。從去除汙垢到縫鈕扣，都會依據客戶委託衣服的狀態，或客戶的要求，以最適合、最完美表現來完成客戶交辦的工作，洗整後的衣服，還要像新買的衣服一樣的包裝好，再送還給客戶。

　　真是太棒了！再按一個讚。看到他們洗衣的標準作業如此之細膩，真的值得效法。

　　自從看過這篇報導後，每當我接到客戶辦理契約變更時所附上來的保單，倘若有破損，我也一定會把保單裝訂好，黏上書背，再裝入保單袋後才送還給客戶，我自己看了也覺得非常滿意。每次都會得到客戶一個驚嘆和讚賞，客戶也感受到了我們的用心付出。

# 讓「它」再住一晚

曾經有已退房的客人打電話詢問「桌上是否留有我寫的便條?」從那時起，客戶留下的物品不再是「垃圾」，而是「遺留物」，他們視為即使是一張被撕破的紙張，都有可能對客戶來說是重要的物品。

「只要千萬位客戶中有一位因這樣的服務受惠，就會堅持下去。」這樣服務的精神一直延續著。

因此，帝國飯店在客戶退房後，房務人員會仔細檢查客人遺留物，連留下的紙屑都深怕記載著重要訊息，還會好好包裝，讓「它」再住一晚。

堪稱商務飯店第一的高雄漢來大飯店，也效法帝國飯店的做法，將日文書翻譯成中文，讓所有員工傳閱，並效法日本帝國讓客人留下的紙屑多住一晚;他們也在洗衣房準備了30多種鈕扣，要是洗滌過程發現有掉了鈕扣，他們也能為客戶替換最接近的式樣，彼此學習，服務品質也大大提升，如此善的循環值得稱讚。

## 看不見的服務也滴水不漏

曾經有記者訪問帝國飯店員工，哪一項服務最引以為傲？十個有九個會提到，房務人員對著已關上門的客房，45度深深鞠躬。

故事是這樣的，曾有一位服務人員，每次送餐到房間，退出房間關上門後，總會對著房間深深一鞠躬。按理說，敬禮已沒必要，因為客人根本看不到，但她卻堅持這麼做。

有一次被其他路過的房客看到，感動得不得了，還特別寫了一封表揚信給飯店。從那之後，其他房務人員紛紛仿效她。「無論是否在客人視線內，堅持再度表達對客戶的感謝。」。

帝國飯店集團社長定保英彌說，他記得，有一次全世界各大五星級飯店的董事長和總經理到日本開會，他們搭乘新幹線，發現不管列車長或清潔人員進入車廂工作前，總先面對乘客45度敬禮，工作結束後，再次朝著乘客的背影敬禮，此景象令當時所有國外飯店主管驚豔不已。

只是他自己萬萬沒想到，帝國飯店的員工竟然在客戶關上房門後，對已經看不見的客戶再行一個禮，代表對客戶的感謝和尊重，不是做表面工作。

看不見的服務，帝國飯店也做到滴水不漏，的確教人感動。

# 一百減一不是九十九，而是零

帝國飯店不斷服務創新，來自現場和客戶互動的靈感。其關鍵，就是「體貼」。

百年飯店最為人稱道的細微體貼，住過的旅客都對它著迷不已，帝國飯店之所以能維持百年仍歷久彌新，其頂尖服務的秘訣是什麼？就是堅持：

「一百減一不是九十九，而是零。」

「一百個環節之中，只要有一個沒有到位，就算是失敗。」。

帝國飯店超乎標準的服務精神，正是將服務做到位的精神發揮到淋漓盡致。

西華飯店董事長劉文治，佩服稱讚帝國飯店這樣900間客房的大型飯店，能做到像小旅館般的細膩，又適可而止，很不簡單。

《今周刊》採訪記者讚嘆說：帝國飯店集團社長兼東京帝國飯店總經理定保英彌，接受專訪時，不待交換名片，即先一步開口喊出記者姓氏，在見面的第

一秒，就予人百分之百的溫暖親切感，充分展現帝國
飯店貼心到位的風範可見一斑。

日本飯店龍頭帝國飯店，樹立難以超越的標竿，真
是值得各服務業效法，「100減1等於0」的服務哲學，
更是他們細膩服務的精神已融入到自己的骨髓，像這樣
優質的服務態度，確實是超水準做到位的典範。

台灣的壽險公司就有二十多家，保險業務人員就
有將近四十萬人，如何在競爭激烈的保險業界站穩一
席之地，唯獨加強提升自己差異性的價值服務。

「不斷學習」是現今優秀人才的標準配備，保險
從業人員不僅要熱愛學習，但是他們更了解，之所以
能勝出的不只是「該做的事」、「能做的事」，而是
積極態度和企圖心所展現出的熱情與行動力，將其做
到位，落實「100減1等於0」的服務哲學。

# 病人沒時間等你吃完午餐

　　頂尖業務員除了要不斷精進專業技能，更要廣泛涉獵，例如：財經、運動、生活、美食、健康、人文、娛樂……等知識，雖然不可能什麼都會，都可以做得很好，但是一個人要成功，就要有求知的精神。

　　分享一個小故事：

　　有一位猶太人青年，報名美國某醫學院的研究所碩士班招生考試，當時因為種族歧視，他遭受到異樣的眼光，本來拒絕他報名，後來經過他一番努力說服，到最後還是讓他如願報名應考。

　　早上口試，教授出了一考題，結果沒有一個學生能夠回答。中午休息過後，下午考生再度進到考場，結果下午的考題還是和早上一樣，大家很沮喪怎麼又考同樣的題目，其他應考生仍然無法作答，只有這位青年有寫出了答案。

　　最後考試的結果出來了，只錄取了這位猶太人青年。因為，中午吃飯的時間，大家都去吃飯，而他去圖書館找答案。

教授說：「病人沒時間等你吃完午餐，再來解決他的病症……。」。

這位猶太人青年的求知心、積極、進取，渴望學習的態度，及永不放棄的精神，才是他之所以勝出的關鍵。

# 一個有歷練的強打者，
# 不論好球、壞球都能隨時揮棒

曾任亞都麗緻酒店總裁嚴長壽先生，他說過：「競爭優勢要因時而異，過去對的事，今天未必正確，過去好的事，今天也未必被接受。」

過去的景氣和現在的經濟狀況亦是無法同日而語，有的客戶說兩句就可以成交，洽談一次就成交是運氣好，像是中樂透，但有的卻不然，可能要經營一年半載，甚至於更長的時間。

想要成為超級業務員，無法再依循過去學習的印象進行業務推展。不論專業、行銷、人際、管理、資訊等技能，都必須經過時間的淬煉，與時俱進，並根據客戶的需求進行調整，才能提供最好的服務給客戶。

　　不同的客戶有不同的需求與期待，為客戶「量身定製」的服務，才是最貼切最重要的，大環境劇烈改變，我們一定要做好充份的準備與應變的能力。

　　基本的證照實力，你有，他有，大家都有；若想要更有競爭力，先檢視自己，我有其他需再精進提升的功課？

　　例如：同樣的，每一個人都有一把水果刀，大家都拿來切水果、切任何東西；如果我能夠再利用這把水果刀雕刻出巧奪天工的作品，這就是競爭力。

　　成功沒有捷徑，想要讓自己更好，需要持續精進自己的專業技能，與時俱進。更重要的是調整好自己，從「心」出發，具備積極、正向、熱情、有同理心、感恩心、有誠信的人格特質，學會「100-1=0」的服務哲學，堅守凡事都要做「好」，做「對」，更要「做到位」。

　　被客戶拒絕不要氣餒，再厲害的打擊者也會被三振出局，揮出去的球也會被接殺出局，只有自己不斷練習、訓練，成為一個有歷練的強打者，不論好球、壞球都能隨時揮棒，一定有機會揮出漂亮的全壘打。

在服務經濟時代，秉持到位服務的態度，提供客戶不同的價值服務，秉持做好，做對，更要做到位的服務精神。

聽到「揪感心」，這一句廣告詞，大家都會聯想到──全國電子。

有一天，當你的客戶聽到「保險」兩個字，就馬上聯想到你，並豎起大拇指，你就成功了。

證嚴法師靜思法語：

「任何事都是從一個決心、一粒種子開始。」

準備好了嗎？讓我們一起攜手昂首大步邁向頂尖業務之路。

# 後記

## 感恩

2020年10月即開始有了念想，我要寫書，猶記當初興奮的心情，隨著時間的流逝而漸漸沉澱下來，取而代之的是以積極認真的心態，思索我該如何編排？該從何開始？終於動起筆來。

回顧四十幾年的職場經歷的點點滴滴，感恩之心油然而生，確實有很多可回憶的故事。

我從訂定大綱開始思考，就從我歷年來演講的檔案開始搜尋，分類、彙整，還有平日學員、同仁們提出的問題，因此在書的內容一定要融入激勵的故事，還要有可複製的經驗，方可提供剛接觸業務工作的夥伴們參考；另外，提供不一樣的思考方式，或許可以帶給心情正處於低潮期的同仁們一個驚喜的答案。

我習慣利用晚上夜深人靜的時刻思考，撰寫這本書沒有疲倦感，因為它是一段令人振奮的旅程，充滿挑戰和成長。隨著時間的推移，過去職場經歷的種種

漸漸成形，成為一篇篇激勵人心的故事，望着那一篇篇的章節，不免在心頭再次地看見屬於自己，曾經擁有過的美麗的回憶。

在整個寫作過程中，我體驗到了創作的喜悅和挑戰。無論是喜悅還是挑戰，都讓我更加堅定了寫作的信念，並且讓我更珍惜每一個字句，是否能帶給讀者閱讀此書的價值。

我希望這本書能夠帶給讀者一些啟發和思考，也希望能夠成為他們生活中的一部分，伴隨著他們走過生命的每一個階段。

《從心出發，讓自己更好》本來預計2021年要出版，因為2021年新冠疫情更加嚴峻，不巧，高齡90歲的母親，因身體不適，我把她老人家接到家裡來照顧，暫時停筆了。

2022年5月，母親身體康復後，老人家執意要回到老家住。隨後，我索性接著進行計畫已久的老屋翻修，同年9月底竣工。隔年，2023年4月，自己又因為一場車禍，被強迫放慢步伐的情況下，我又休養了近半年的時間，寫書的事情因此一延再延，直至今年

2024年初，每天除了工作外，突然覺得自己悠閒從容，沒有事做；才又再度提筆，繼續未完成的稿件。

這三年多來可說是多事之秋，時間過得真快，一晃眼三年過去了。看著以前未臻完善的文稿，如今重拾筆來，繼續未完成的寫作工程。就在不斷的反覆閱讀的當下，自己的心情有著一股難以言喻的興奮與感動，閱讀自己的故事竟然還可以激勵到自己，重拾信心。真正是一掃陰霾，雲開霧散，雨過天晴，心情格外的輕鬆，彷彿回到年輕時的時光隧道中。

如今此書終於得以完成並順利付梓，要感謝的人很多，僅能以字句筆墨聊表心中無限感恩。

首先，我要感謝40多年職場生涯中所有的長官、客戶學員、朋友與同事，因為你們都是主角，有你們的故事題材，才可以豐富這本書的內涵，有你們的支持和信任是我不斷前行的動力，更是我完成這本書的原動力。藉由你們的故事，將幫助其他人面對他們的恐懼與無奈，於此誠摯的感恩！有你們真好！

我要感謝我的家人，他們在我寫作的每一步都給予了無條件的支持和理解。特別感謝我的先生，你的耐心陪伴與支持，讓我勇敢地追求自己的夢想。

　　最後，我要特別感謝我的長官，新光金保代董事長黃明正、逢甲大學教授郭長榮、部室協理洪聰輝、訓發部經理林世忠、部室經理莊世豪、區部經理洪嘉佑、教育組長廖文輝（輝哥）、處經理李銘原，還有我的好朋友，陳怡芬、梁秀真、劉翠薇、鄒秋芳、何鳳秀、陳奕廷、邱璦琪、盧珊妙、陳貞如、倪萍憶、董曉芳，有你們的陪伴和鼓勵，百忙之中還抽空為這本書寫序，感謝您們的肯定與支持，讓我在寫作的路上不孤單；讚美當警惕，我當更加努力向前，感謝你們！也祝福你們！我要與你們共同分享成功的果實。

　　這裡，還要感謝我的女兒也為媽媽寫序，羽蓁，妳身體不適剛做完手術在休養期間，佩芸，妳參加士官長研訓班，正如火如荼的的應考中，羽禾正忙著醫院的評鑑，妳們的用心媽媽收到了，令媽媽很感動，讓父母安心的孩子最有福，祝福你們！

　　另外，我要感謝商鼎數位出版的團隊，有你們的支持和建議，一起成就本書的出版，謹此致謝！

國家圖書館出版品預行編目(CIP)資料

從心出發,讓自己更好 / 周莎涵作. --
　第一版. -- 新北市 : 商鼎數位出版有限公司,
　2024.08

　　面;　　公分

　ISBN 978-986-144-277-8(平裝)

　1.CST: 保險業 2.CST: 保險仲介人 3.CST: 職場
　成功法

563.7　　　　　　　　　　　　　113010876

# 從心出發
## 讓自己更好

---

作　　者　周莎涵

---

發 行 人　王秋鴻
出 版 者　商鼎數位出版有限公司
　　　　　地址：235 新北市中和區中山路三段136巷10弄17號
　　　　　電話：(02)2228-9070　傳真：(02)2228-9076
　　　　　網路客服信箱：scbkservice@gmail.com

---

編 輯 經 理　甯開遠
執 行 編 輯　廖信凱
獨立出版總監　黃麗珍
美 術 設 計　黃鈺珊
編 排 設 計　翁以倢

商鼎官網

來出書吧！

---

2024年9月10日出版　第一版／第一刷